● 马云在悉尼游历

1985年，马云应外国朋友的邀请，第一次走出国门。在澳大利亚的31天，他发现一切都与他所知的完全不同。从此，他开始以不同的思维方式思考问题。

马云，1964年出生于浙江杭州，从小学到中学，成绩一直差强人意。在经历了两次高考失利后，他终于被杭州师范学院录取。

从12岁起，马云开始学习英语。一有机会，他就跑到西湖跟来旅游的外国人练习口语。就这样，没有出过一天国的马云练就了一口纯正、流利的英语，还结识了许多外国朋友，这对他日后的发展大有裨益。

大学时代的马云，不仅做了校学生会主席，还当上了杭州市学联主席。在这期间，马云不仅认识了日后成为其夫人的张英，还结识了一大批朋友，有些人后来成为马云创业时的事业伙伴和重要助手。

1988年，24岁的马云大学毕业，被分配到杭州电子工业学院（现为杭州电子科技大学）教书。在这一届的500名毕业生中，他是唯一去大学教书的人。

● 马云与小鹿纯子的扮演者荒木由美子

小鹿纯子是20世纪80年代热播的日本电视剧《排球女将》中的女主角，也是少年马云心中的偶像。排球女将永不放弃的精神更成了马云一生的座右铭。

● 马云给“五年陈”（在阿里巴巴工作满5年的员工）授戒

● “五年陈”宣誓

1991年，27岁的马云和朋友成立了海博翻译社，这是马云第一次进入商海，海博翻译社的经营管理经验对他以后的创业人生产生了重要影响。

1994年，30岁的马云被评为杭州十大杰出青年教师，还当上了学校的外办主任。这一年是马云事业上比较辉煌的一年，而恰恰是在这一年，他想得最多的是离开学校去创业，他在思考该去做什么。

1995年年初，马云有了一次到美国的机会。在西雅图，他第一次接触到互联网，这让他苦苦思考的问题有了答案。马云的人生道路就此改变。

1995年4月，马云凑了两万块钱，创办了 中国黄页。当时，推销中国黄页的马云被很多人视为“骗子”。

● 阿里巴巴团队在美国考察

1996年，中国黄页被迫与中国电信成立了一家合资企业，马云失去了控制权。在外经贸部的邀请下，马云去了北京。一腔热血的马云带领他的团队先后开发了“网上广交会”“中国外经贸”等一系列网站。

1999年2月21日，马云回到杭州，把17个朋友聚集到他位于湖滨花园二楼的公寓里，开始创办阿里巴巴。

2000年，阿里巴巴获得软银、高盛等多家投资机构的2500万美元的投资。

2002年12月，阿里巴巴实现收支平衡，在互联网寒冬时期实现赢利。

阿里巴巴的事业，就是从马云所住的杭州湖畔花园小区开始的

马云和团队讨论工作

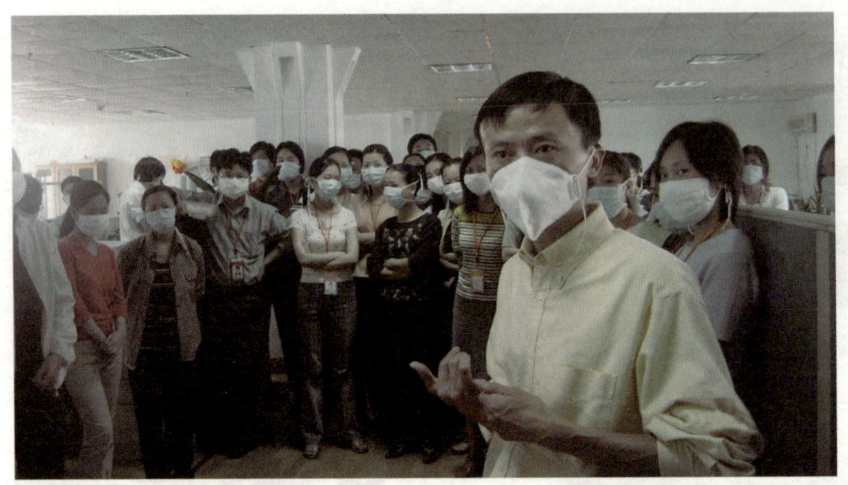

● 非典不幸“降临”阿里巴巴，马云果断决定自行隔离，公司全体进入SOHO（在家办公）状态

● 马云与雅虎CEO在签约现场

2003年5月，淘宝网成立，全年提前实现每日收入100万元的目标。

2004年2月，阿里巴巴再获8200万美元的投资；12月，成立支付宝公司。

2005年，阿里巴巴和雅虎战略结盟，收购雅虎中国的全部资产，并获得10亿美元的战略投资。

● 2005年9月23日，雅虎中国全体员工来到杭州，参加阿里巴巴集团大会

● 2007年11月6日，阿里巴巴B2B在港交所首日挂牌，股票开盘价30港元，较发行价13.5港元上涨122%。阿里巴巴一跃成为中国互联网行业首家市值超过200亿美元的公司

2007年11月6日，阿里巴巴旗下B2B业务公司在香港挂牌成功上市，融资16.9亿美元，一度成为中国市值最高的互联网公司。

2008年，马云追加20亿元投资淘宝。淘宝不负众望，在2008年的中国经济寒冬时期，交易量上涨131%，接近1 000亿元。在之后的几年里，高速发展的淘宝成为中国C2C电子商务的垄断平台。

● 2014年9月19日，阿里巴巴集团在纽交所正式挂牌交易，总市值2400亿美元，成为仅次于谷歌的世界第二大互联网公司。当天，阿里巴巴请了8位客户作为上市敲钟人。

2012年，阿里巴巴集团花费约190亿港元，以溢价60%收购了在港上市的阿里巴巴余下的股权，阿里巴巴B2B公司退市，阿里巴巴集团整体上市路上的最后障碍被扫清。

2013年1月15日，马云宣布将从2015年5月10日起不再担任阿里巴巴集团CEO，全力做好集团董事局主席一职。3月11日，阿里巴巴集团宣布任命陆兆禧担任集团CEO。

2014年9月19日，阿里巴巴以每股68美元的发行价在纽交所上市，全球历史上最大融资额的IPO诞生。

马云内部讲话

相信明天

马云首讲奋斗之道

阿里巴巴集团 编

红旗出版社

图书在版编目（CIP）数据

马云内部讲话：相信明天 / 阿里巴巴集团编.
—北京：红旗出版社，2015.2

ISBN 978-7-5051-3415-7

Ⅰ.①马…　Ⅱ.①阿…　Ⅲ.①电子商务—商业企业管理—经验—杭州市　Ⅳ.①F724.6

中国版本图书馆CIP数据核字（2015）第036421号

书　　名　马云内部讲话：相信明天
编　　者　阿里巴巴集团

出 品 人　高海浩　　责任编辑　陈文君
总 监 制　徐　澜　　特约编辑　袁开春

出版发行　红旗出版社
地　　址　（南方中心）杭州市体育场路178号
邮　　编　310039　　编 辑 部　0571-85311182
E-mail　hongqi1608@126.com　　发 行 部　（北京）010-64036925
（杭州）0571-85311330
欢迎项目合作　项目电话　（北京）010-84026619
（杭州）0571-85311182
印　　刷　北京嘉业印刷厂

开　　本　710毫米×1000毫米　1/16
字　　数　218千字　　印　　张　17
版　　次　2015年4月北京第1版　　2015年4月北京第1次印刷

书　　号　ISBN 978-7-5051-3415-7　　定　　价　39.80元

目 录

CONTENTS

第1章

互联网一定是未来的发展方向*

* 2008年6月27日，马云在商务部演讲。

◇互联网不可忽视的三种力量：颠覆性、影响力、创造力。

◇互联网的四大特性：开放的精神、分享的心态、全球化的眼光、责任感。

◇中国互联网的三个板块：新闻媒体、娱乐、电子商务。

◇互联网对行业的三个方面影响：制造业、物流业、诚信体系。

◇定制化生产才是未来十年电子商务的发展趋势。

◇我们从来不把自己定位成高科技公司，不把自己定位成互联网公司，我们把自己定位成一家服务公司。

◇电子商务未来的发展不是以企业为主，而是以个人为主。

互联网的能量

到今天为止，我几乎是一个电脑盲，我只会收发电子邮件和上网。很多技术专家经常把技术看得非常重，我一直觉得，不懂技术没关系，真正的技术从来都是为不懂技术的人服务的，我们这些不懂技术的人创造了全球最大的电子商务公司，所以我认为外行是可以领导内行的，关键是要尊重内行。我没法跟技术人员吵架，他们讲的东西我都听不懂，我说的话他们也觉得奇怪，说："你怎么会这么说呢？"我告诉他们，中国80%的人，不懂电脑的人，都和我想的一样。别人经常说我们是高科技公司，其实在客户面前，越说是高科技公司，客户越怕你。所以，要把客户的麻烦留给自己。把麻烦留给自己，你的麻烦就会越来越少。

我是从1995年开始创业的，在中国，我差不多是第一个做互联网的人比张树新早了半年多。当时我们在杭州做中国黄页，做了三年，非常艰难。那时候我们做生意的模式很简单，就是帮企业做网页，但中国的企业没有办法上网，怎么办？我们就想办法，先从朋友的企业做起，朋友信任你，知道你不会骗他。第一家被我们搬上互联网的企业是一家宾馆——望湖宾馆。宾馆经理给了我一份中英文的宾馆介绍，我把介绍打印好，传到美国西雅图做网页，然后把做好的网页挂到互联网上。我对经理说，你看看国外有没有人看到这个网页，如果有人看到，你再付我钱，结果他说有人看到也不会付我钱。当时很多人把我们看作骗子，他们都不懂互联网。最有意思的是，1995年，联合国第四次世界妇女大会在北京召开。美国的很多妇女代表在来中国之前，上网搜索在中国住的地方，结果搜到了那家宾馆。宾馆的人对这些妇女说，我们离北京有1000多公里，但她们还是要来住。通过这件事情，我们发现，如果把中国的企业都放到网上去，能量一定大得不得了。这个认识一直影响着我，直到今天。

1995年的时候，互联网的速度很慢，慢得一塌糊涂。1995年8月，中国电信连入互联网，我们是中国电信的第七个客户。为了证明互联网的存在，我找了很多媒体朋友到我家里，通过拨号上网。他们带着摄像机在我家里等了三个半小时，终于等出来半张图片。确实，我们走得很艰难，我们要证明自己不是骗子，互联网确实存在，确实有这样的网页。今天的互联网速度实在是太快了，当年的速度和现在的没法相提并论。

当时，别人认为我们就是个体经济，那时候个体经济一般是没有资格竞争的。经过一年多的经营，我们发现很难打败国企，国企也打不败我们，最后我们就做了合资企业。我们投资，占30%的股份，别人占70%的股份。当时别人的目的是兼并我们，于是出现了一些观点上的分歧。

帮助中小企业

我们认为互联网一定是未来的发展方向。有人认为电子商务必须服务于国有企业、大企业，而我们认为中小企业是未来，必须通过各种方法来服务于中小企业。我们要开放互联网，而不是控制它，这就是我的观点。我觉得我们未来就是要帮助中小企业，我们经营的将是开放的互联网。直到今天，我依然坚信，互联网必须开放，要为客户创造价值。由于和老板产生了分歧，我只好离开，从零开始，创建阿里巴巴。

阿里巴巴开始的市场发展思路基本就是帮助中小企业。当时我们觉得：第一，中国一定会入关；第二，中国加入WTO只是时间问题，前五年以出口为主，后五年以进口为主。我们主要是帮助企业解决实际困难，同时培养中国的市场。

我觉得未来中国会越来越强大，全世界的电子商务都会发展得越来越好，中国一定会成为全世界电子商务最发达的国家。关于互联网，有三样东西是我们绝对不能轻易忽视的：第一是颠覆性，第二是影响力，第三是创造力。

今天，中国很容易受到世界的影响，互联网的影响力越来越大，在经济上如此，在政治上同样如此，影响力之大，让我们感到震撼。互联网的创造力也不容小觑，互联网的开放，导致全世界最顶尖的脑袋都在网络上开发各种各样的应用。从互联网诞生到现在，很多家企业的增长速度之快，是传统企业难以企及的。最早是Netscape（网景）发展起来，大家都觉得它不得了，肯定会超过微软。雅虎发展起来的时候，大家又觉得雅虎不得了，可能是对人类影响最大的互联网企业。雅虎还没站稳脚跟，谷歌又起来了，接着是Myspace、Facebook（脸谱）。几乎每一年，都会不断出现各式各样的新的互联网应用。1999年，阿里巴巴刚创办的时候，只有18个人。浙江省委一位领导到公司来看我们，问我这家企业十年后会变成什么样，我说十年后市值会超过50亿美元吧。有人提醒说是50亿人民币吧，我说是50亿美元。今天，我们只有一家子公司上市，还有六家子公司没有上市，就已经超过了50亿美元。传统行业不可能这么快地创造价值。

1996年，我非常辛苦。当时有人说，你们要是把《人民日报》搬到网上，就厉害了。我们天天跑北京，终于把《人民日报》放到了网上。新闻出版局为此发了文件，我们觉得，这为公司未来的发展打开了一片天空。那时候还有一些专家说中国的基础建设太差，这不行，那不行，不要搞互联网，但互联网工作者们的务实工作，使互联网的基础建设不断完善，正因为中国缺乏这些东西，才可以实现蛙跳式的发展。1995年，我编了一句很有名的话："比尔·盖茨说，互联网将改变人类生活的方方面面。"其实这句话是我马云说的，但当时马云说了没有用，所以只好说是比尔·盖茨说的。

互联网的四大特性

我认为，互联网的颠覆性、影响力、创造力今天才刚刚显露出来，后面的路还很长。21世纪，不管是什么人、什么机构，都必须具备四大特性，才能在这个世界上活得更好，这四大特性就是：开放的精神、分享的心态、全球化的眼光、责任感。我认为，这四个因素使阿里巴巴一直走到现在。

第一，必须以开放心态建设互联网，特别是在竞争的环境中。我们不应该把竞争当作你死我活，我们需要从竞争中学习，因为这个行业的发展实在是太快了。开放的心态是什么？阿里巴巴成立的时候，我们讲过，就是东方的智慧、西方的运作、全世界的大市场。所谓东方的智慧，就是要有以人为本的思想，西方的运作是指资本运作、市场运作、人才竞争，这些都是西方的透明的管理制度。

第二，分享。比尔·盖茨带动了多少人一起富裕？分享的心态和精神是至关重要的，想成功，必须让周围的人富起来，让社会富起来。

第三，全球化。互联网企业是在全世界打仗，必须着眼于全世界。我们的对手不在杭州，不在中国；我们的对手一定是在美国，在全世界。**企业在竞争中失败主要有四个原因：第一是看不见对手；第二是看不起对手；第三**

是看不懂对手；第四是跟不上对手。

第四，要有责任感。我认为，没有责任感的互联网企业是走不远的，因为互联网是高度社会化的，好处与坏处都会被放大。比如，传播地震信息，传播救灾信息，这些都是正面的，但也有很多反面的例子。作为互联网企业，你必须对虚拟世界中发生的所有事情负责。

中国可以有电子商务

1999年创办阿里巴巴的时候，我们就相信中国一定会成为世界上最大的互联网国家。上个月在盖茨家里，有人说中国的互联网这不好那不好。我说我是中国第一代做互联网的人，我的企业到现在还活得好好的，所以，管制在中国不是什么大问题。我认为，未来中国的网民数量一定会超过美国，因为我们的人口基数很大，美国人要想生这么多孩子，没有20年，是不可能的。13亿人中有三四亿人上网，我觉得这只是时间问题。中国一定会诞生全世界最强大的互联网企业。

互联网可以分为三个主要板块：

第一是新闻媒体，以门户为主，比如新浪、搜狐、网易、雅虎、MSN，偏向于新闻类，这类企业适合在北京发展。

第二是娱乐，以游戏为主，比如盛大的游戏、巨人的游戏。娱乐是中国诞生的第二大互联网模式，产业规模很大。但是，娱乐不是一定要有的。我个人觉得，游戏在老百姓的时间不值钱的国家才会流行。全世界互联网游戏产业规模较大的国家是日本、韩国、美国，但这些国家的游戏都是出口，而中国是把它当成产业去开发。如果全国的孩子都在玩互联网游戏，那就不好了。所以，这个行业发展到一定程度，就差不多了。

第三是电子商务。我觉得全世界只有一个游戏是玩不腻的，那就是电子商务。

相比美国，中国的互联网基础建设并没有优势，但为什么中国可以有电子商务，而且发展得这么好？阿里巴巴2004年是一天100万元的收入，2005年是一天100万元的利润，2006年是一天100万元的税收。别人都不信，但我们确实做到了。为什么中国的电子商务会比美国发展得更好？主要原因是美国的电子商务模式很简单，是个小市场。美国的每家企业都有好的基础建设，都有自己的网站，但在互联网上很难找到，所以谷歌帮大家找到它们的网站。而在中国，正因为企业的基础建设很差，所以大家都集中在一起，比如阿里巴巴上集中了几千万家中小企业。另外，中国的销售渠道比较差，所以互联网成了销售、推广渠道之一。

阿里巴巴B2B是上市公司，我不多说，我拿淘宝做例子。我相信很多人都在淘宝上买过东西，再过五年，我会问，有谁没有在淘宝上买过东西？淘宝创立以后，第一年卖了8亿元的货，第二年卖了80亿元，第三年卖了160亿元，第四年，也就是去年，卖了430多亿元。今年我们想卖1000亿元，明年卖2000亿元。我们提出的目标是，十年以内，淘宝的销售额要超过35000亿人民币，要超过沃尔玛在全球的销售额。

从增长趋势来看，现在每天有1000万人在用淘宝，但我们认为这只是一个开始，中国的电子商务平台在未来10年、20年会发生剧烈变化。

20世纪，所有的IT都是工具，是服务于制造业的。英特尔创造芯片，IBM制造计算机，微软生产软件、搞程序。其实，最重要的还是内容，是数据和信息。现在的情况是，IT产业的锅做得非常好，但是菜做得太烂了。IT融入制造业的结果是，大批量制造，大批量销售。沃尔玛就是上个时代应用IT的典范。

但是，今天世界发生了巨大变化，人们要追求个性化。十年以前我们到街上买衣服，售货员说这件衣服很好，我们上海卖出了500件。今天的女孩子如果听说有件衣服卖了500件，赶快就跑。怎样才能满足人们追求个性化的需求？怎样通过IT对消费者进行定制生产？一个消费者买了一块手表，第二个人再也买不到同样的手表，这一点传统商场是做不到的，传统工厂也不行。

互联网是可以做到的，互联网可以搭建这样一个平台。所以，我们认为，如果20世纪IT的成功是伴随着沃尔玛的成功的话，那么21世纪IT的成功将创造出像淘宝这样的品牌，超过沃尔玛只是时间问题，也许是十年，也许是十五年。当然，我希望是十年，你必须有这种想法，才能激励你的员工去创新思考。

互联网的影响

互联网对行业的影响，我讲三个方面，还是以淘宝为例。

第一是改变制造业。像冰箱、电视机这样的行业，现在做得很大，但很多电视机厂家的利润连1%都不到，大的电视机、冰箱厂家在进家电专卖店时就必须支付大约15%的利润，它们的大部分利润都给了流通渠道。流通企业拿了钱以后上市，再做其他产业，所以渠道越来越强。而我们在淘宝上卖东西，最多收厂家3%的利润，把12%的利润一半让给消费者，一半让给渠道。制造业的利润超过5%或6%，才能有创新能力和创新希望。

第二是改变物流业。目前淘宝网每天送出去的包裹是200万个，我们预计，到今年年底，每天会有600万个包裹，明年每天会有1500万个。我相信，届时我们会对中国的物流企业产生很大的影响。原来购买手表的方法是企业设计生产，然后拿到渠道里比如专卖店里去卖，用户到专卖店里去买。今后买手表怎么买？你在淘宝上下订单的时候，工厂才开始根据订单生产，工厂做好以后，通过物流快速给你，直接寄到你家。这对于现代物流企业的挑战是非常大的。我们要问，谁愿意把货从A送到B：价格必须是这样的价格，服务必须是这样的服务，如果你不按照这个价格和服务来做，订单就会给别人。所以，电子商务会通过自己巨大数量的订单来改变其他行业。

第三个巨大的变化是网络诚信体系的建设，包括个人诚信体系和企业诚信体系。在淘宝上卖东西的人，特别在乎买卖双方的信誉信息。你在淘宝上的每一笔交易，我们都有系统的诚信记录，你做得越好，记录越好，信誉就越高。工商银行、建设银行感兴趣的也是淘宝卖家和买家的信誉记录。所以，我们希望为中国贡献一套所有个人和中小企业的信誉记录。只有实实在在地在网上发生交易，每年都有记录，信用信息才能建立起来。

这里就要讲到支付宝，为什么有人买较为贵重的东西，比如钻石、宝石、手机、家电，都用支付宝？电子商务在中国的发展一定要走务实的道路，其实刚起步的时候，我们做得还是蛮痛苦的。在2003年、2004年做淘宝的时候，买家、卖家难以信任我们。怎么办？我们就想了个办法，用支付宝做支付体系。但是，我们没有银行的牌照，我们不能经营金融。银行有牌照，不知道怎么做；我们知道怎么做，但没有牌照。

当时的领导说，我们要有责任感、使命感，如果我们做了，就要继续做，要为中国建立支付体系；如果我们不做，跨国公司就会做。如果跨国公司做，所有的信誉是跟着跨国公司走的。所以，银行承担的责任非常大，因为这涉及国家安全的问题。当时，我们想了个办法。小张买东西，先把钱给阿里巴巴，拿到货之后，如果觉得不错，就通知支付宝付钱。如果客户说东西不好，那就请把货退回来，我们再把钱给你。这种流程不仅非常简单、非常方便，而且非常管用。只要能保障用户的利益，即使支付宝亏损，我们也愿意。保险公司就是靠赔钱做生意树立品牌的，而支付宝这三年没怎么赔过钱。这种中介模式是很简单、很有效的。

这套体系的建设对中国电子商务来说极为重要，有几个关键要素：第一要有诚信体系，第二要有市场体系，第三要有搜索体系，第四要有软件体系，第五要有支付体系。

大家可能已经有了一个共识，今天在电子商务领域，中国已经是全世界最先进的国家了。我最近看到很多人在讲，中国的电子商务的现代化程度已经相当高。我们一定要相信，在这个领域里，中国的变化非常大，我们的观念也已经很先进。有人可能觉得不可思议，去问问亚马逊、eBay的老板，他们会说，中国是全球电子商务最发达的三个国家之一，而且发展势头非常强劲。所以，我们一定要相信，我们的技术和观念都是很先进的。淘宝网从创建到今天，只有短短五年时间，我们的销售额将达到1000亿元。我们的市场很大，这是用户数和信誉度积累出来的。

我对中国市场这两年的经济状况是比较关注的，因为人民币升值、外贸出口受阻等因素，像淘宝、阿里巴巴这种扩大内需的产业，通过电子商务迅速完善渠道建设，是未来非常关键的策略。

个性化定制

最近，我们去广东做了调研，让我感到欣慰的是：一些做纯加工的企业，它们拿的单子价值并不高；而有些做个性化定制、规模不是很大的出口企业，现在却越做越大。它们做的是很有个性的产品，也是很实在的产品，比如气枪上的一些零部件。这些零部件每年有13亿美元的市场，除了展会以外，还可以通过电子商务来寻找市场。我们倡导为客户定制，而不是打价格战。**定制化生产才是未来十年电子商务的发展趋势。**我们认为，中国最庞大的制造业加入电子商务的思路，一是按需定制，二是内外兼修。按需定制就是按照需求来定制；内外兼修是内贸和外贸同时进行，以外贸来拓展自己的全球化眼光，以内贸来扩大自己的最大价值。

很多人说中国的电子商务是不行的，因为基础建设太差。但是，作为创业者，我们不能等国家的基础建设好了的时候再去做。所以，我们自己有了目标，也是非常大胆的想法。十年以内，淘宝网要超过沃尔玛的全球交易量。我还给淘宝这家年轻的企业提出了一个希望，我希望在我死之前看见淘宝一年的交易量突破10万亿人民币，也就是超过2007年全国的零售总额。当然，这是有可能的，但我要活得长一些。

提出这样的目标之后，我们就要想办法、想策略，跳出常规。在传统企业做市场的人说，他们的行业每年增长10%是很难的。我说，如果我们每年的增长低于100%，就要出问题，因为别人会超过你。所以，淘宝去年卖了430多亿元，大家说太多了，但我们今年希望卖1000亿元，明年卖2000亿元。我们要在技术、观念上不断创新，去尝试各种办法，否则根本不可能实现这个目标。淘宝今年达成1000亿元销售额的可能性很大，我们今年最重要的目标是完成明年的2000亿元，后年是4500亿元。我们没有仓库，没有物流公司，没有一辆卡车，我不知道中国的哪家传统零售企业能保证这样的高速增长。

阿里巴巴是一家服务公司

中国的IT业想跟国外竞争，难度很大，比如芯片要跟英特尔竞争，难度很大。但是在互联网行业，中国的竞争实力和国外差不多，尤其是在电子商务领域，中国的企业遥遥领先。未来基础建设完善之后，企业的成长就更容易了。我听说1999年信息产业部提了一个方案，预测2005年中国手机用户的数量将突破多少。七份研究报告中，预测最准确的一份报告说，2005年中国的手机用户将突破6000万。大家说不可能，今天却成了事实，而且今天这个数字已经突破了四亿。我们今天也在讲，十年以后，将不会再有人讲电子商务，原因是它已经深入每家企业。我们认为，十年以后，几乎所有的企业都会有自己的电子商务，所有的企业都会成为电子商务公司，而我们就是为企业提供电子商务服务的。到今天为止，**我们从来不把自己定位成高科技公司，不把自己定位成互联网公司，我们把自己定位成一家服务公司**。我们的目的是帮助中小企业成长，而不是自己标榜自己。

大家都很关心一个问题，现在淘宝没收费，支付宝也没收费，阿里软件、阿里妈妈等每天要养家糊口，能不能支撑？我可以告诉大家，我们的对手不在中国，阿里巴巴不是只针对中国的公司。我们的眼光要放在美国，放在全球，必须看到今天微软对雅虎的并购、谷歌的发展等。在这样的发展过程中，去年我们决定上市，融了17亿美元，加上自己手上的5亿美元，一共22亿美元，够淘宝免费几年了。因为我们的主要目的是参与全球竞争，我们看到的不是自己赚了多少钱，我们要改变商业社会的形态，让商业社会更加公正、更加透明，让中国的渠道更加畅通。

我们今天已不再单单关注北京、深圳、广州等大城市的情况，二、三线城市才是真正需要发展电子商务的城市，所以我们要把市场做好。至于赚钱，那太容易了。淘宝有3.9亿的用户访问量，每天卖出3亿人民币的货，如果收不到钱，就太愚蠢了，我相信我们没有那么愚蠢。

四五年以前，很多公司给我们写信，包括一些农民也给我们写信，感谢我们让他们在阿里巴巴网上卖出了南瓜，卖出了西红柿，卖出了猪。我们还收到过一个做计划生育工作的农民的来信。她在信中说，村里的养猪大户没有执行计划生育政策，她去做了几次工作。养猪户说，如果今年的猪卖出去，就“计划生育”。回去之后，她（计划生育工作人员）老公当天就把信息挂到了阿里巴巴网农业板块上，帮她卖猪。结果，200多头猪都卖了出去，还多赚了钱。养猪户很感谢，计划生育政策也落实了，所以她写信感谢我们帮她做了这样的工作。

企业最终要依赖于市场

可以说，电子商务创造了很多奇迹。但是今天，它已经不是一个奇迹了，十年之后，电子商务将会融入每个人的生活。我相信，今天没有电子邮箱的人已经很少了，但五年、十年前，很多人都没有电子邮箱。我现在到全国各地的企业去考察，一大半企业还没有电子商务，但我相信，十年之后，这样的企业会很少。

以前人们都不相信电子商务，都担心上当受骗，我觉得大可不必担心，在网上做生意的欺诈行为远远少于现实中的。在网上，我不认识你，不清楚你是谁，所以一定要把你的祖宗三代全查清楚，才可以在网上做生意。我觉得，小说、电影里的黑客在现实中存在的可能性很小。我把装有100万元现金的保险箱放到王府井广场上，谁能够打开，我就给谁100万元。我想全中国没有多少人能打开，能打开的都不在乎这100万元。所以，其实网上是非常安全的。

而且，网上做商务的人必须讲诚信，淘宝上的卖家经常“闹革命”，都是为了建立网上的诚信体系。网商必须注重诚信，必须是开放式的。**电子商务未来的发展不是以企业为主，而是以个人为主。**中国电子商务的发展为网商带来了大好的前景：网商群体将会成为中国最大的商帮。以前的商帮是地区性的，浙江一群，湖南一群，山西一群，现在基本上是网商了。

我1988年大学毕业，大学考了三年，考得一塌糊涂。我读的是全国“最好”的大学——杭州师范学院。毕业后，进大学教书。校长说，马云，你五年之内不许出来。因为我们学校的毕业生都是去中学教书，如果我出来，以后师范学院的学生就永远进不了大学教书了。当时我一个月的工资才92块钱，要坚守这个承诺是很难的。那时候深圳的一家公司让我去，我说我跟人承诺了，不能去。海南开放之后，又让我去，但承诺就是承诺，承诺了，就没有办法改变，就是熬也得熬过这五年。一直到1995年，第六年的时候，我才离开。这就是我给自己的一个承诺。

1995年，我开始准备从学校出来。我去了美国，看到了互联网，这是一个很复杂的故事。我感觉帮助中小企业到网上去，将是一个机会。那是不是说我当时就看到了这样的机会呢？也未必。我觉得企业一定要依赖于市场，而不是依赖于市长。眼睛还是要盯着主流客户，客户才是决定你成功与否的关键因素。政府对企业的关注有时候要注意一下，但是像浇水一样，好花天天浇，也会浇死的。

把产业链做大

这三五年，我绝对不是为自己干。我最幸福、快乐的日子，是拿92块钱的时候，那时候我的想法很简单：再工作几个月，有一点钱，就可以买一辆自行车了。今天的企业，必须具备我前面讲到的开放精神、分享心态、全球化的眼光和责任感。我相信，20年之后，中国一定会有很多企业家做同样的事情。今天中国的企业家最缺乏的是资源和创业精神，所以企业家们最大的善行应该是创造更多的公司，创造更多的就业机会，这样才可以做更多的事情。

我身上没有名牌，我对名牌不感兴趣，对汽车不感兴趣。我感兴趣的是，我可不可以影响和改变这个世界。盖茨把他580亿美元的财产都捐掉了，这是他对人类社会的贡献。他认为艾滋病不是人类的第一杀手，人类的第一杀手是心脏病，是肺炎，是癌症，所以他愿意出20亿美元资助这方面的研究。我觉得盖茨很伟大，他做这样的事情，就是影响了世界。

有一位广东企业家对我讲了一句话，让我很感慨。他说，每天眼睛一睁开，就要面对一万多人的公司，面对消费者。我忽然觉得，这些企业家很辛苦，我做阿里巴巴也很辛苦，大家看我这么瘦，相由心生嘛！

我不知道我什么时候退休，三十几岁时，我在北大讲过我40岁退休，现在我已经超过40岁了。我相信今天中国的很多人已经具备了一种素养，盖茨给我们发出了一个好的信号，激励我们把这些事情做好。我相信中国不缺这样的企业家。

在进出口贸易方面，我们有阿里巴巴的诚信体系。只要是付费的供应商，我们每家工厂都会去考察。如果这家企业有欺诈行为，对它的处罚绝对要比在中央电视台曝光"严得多"。另外，我们发现很多淘宝卖家太注重自己的信誉，有的买家买了东西，可能说卖家的服务态度有点不好，给了他一个中评，他就打电话来要求修改什么的。这都说明商家对诚信的重视。

现在很多驻华机构在中国采购，都是使用阿里巴巴的网站，我们建议他们找诚信通企业或者中国供应商企业。有的创业者希望五年的问题一年就可以改善，物流、资金、支付、合作伙伴这些问题的解决，没有那么快，我觉得中国的电子商务还需要十年的历练时间。

所以，我们今年提出了两个战略。第一是打造中国电子商务的基础建设，因为中国的电子商务缺乏基础建设，诚信体系、支付体系等都比较差，所以我们要把它打造好，使之成为中国的基础设施，甚至是全世界的基础设施。

第二是生态系统建设。在中国，商业生态链一直是不健全的。我们要投资竞争对手，投资同行业，投资服务领域。木秀于林，风必摧之，你把对手都杀死了，就剩下你自己了，也就难办了。对于阿里巴巴来讲，我们目前要做的事情是把产业链做大，让更多的人参与。所以，我们要做生态链建设，要帮助更多的人参与到这个行业中。我们是真心诚意的，只有大家一起来做，我们的企业才能成长。

没有榜样可以参考

在全球化的大背景下，中国的市场本身已经成为全球化的市场，我们已经在应对日本、美国、欧洲市场的挑战。但是，在全球每个地方都有工厂不等于全球化，全球化的观点应该是把别人的麻烦当成自己的麻烦，把别人的痛苦当成自己的痛苦，去创造价值。所以，阿里巴巴现在已经全球化。不知道中国现在有多少企业像我们这样，在海外有这么多客户。我们的运营一直是在中国，但我们的客户遍布200多个国家和地区，我们的全球化战略在悄悄地展开。我们思考的是，在全球化的背景下，怎样帮助当地企业，怎样帮助当地把税收完成，怎样帮助当地把产品卖到世界各地。这是我对全球化的认识。

我们公司才走过九年时间，虽然我们犯的错误很多，但我们在不断积累经验，不能犯曾经犯过的错误。我们公司的目标是持续发展102年。为什么是102年？阿里巴巴1999年创立，到下个世纪初刚好是102年，横跨三个世纪。我们公司是成长中的公司，我想，公司的机制、体系必须能创造价值。中国的企业家必须有盖茨那样的胸怀，才可以把企业做得更大；我们做大了之后，才可以帮助别人做得更大。

我们今天面临的巨大挑战是，我们这家公司经营了九年，从18个人发展到10,000个人，中国很少有企业能走得这么快，但我们还是个孩子，发展过程中有很多内部问题。什么样的组织、什么样的文化、什么样的领导、什么样的价值体系才能让公司渡过难关？我们遇到了瓶颈，这个瓶颈就是我们自己：我们没有榜样可以参考。

我感谢这个时代，感谢中国。现在阿里巴巴的底子很好，社会对我们的万人队伍太关注了，使得我们的年轻人会浮躁，包括我自己也会浮躁，觉得自己了不起，了不得。但是，我们要看到一点，我们还是一家小公司。中国的市场就这么大，大部分人都在崛起，所以外部要靠机遇，内部要靠心态以及整个模式。

挑战在于文化、制度。冲两年，就要停两年，如果一直保持冲的状态，就会渐渐死掉。我觉得企业如人，参加长跑比赛，不能一开始就全力跑。我们要跑102年，其中最大的挑战是人才的建设。

国家现在已经开始意识到这个行业的发展了。五年前，我们承诺淘宝五年不收费。为什么承诺五年？因为我们要帮助这个行业发展起来。不收费的最重要的目的是为中国创造100万个就业机会。现在很多下岗人员、残疾人在淘宝上卖东西，而且卖的方法、方式完全不一样。比如，我们有一个深圳的客户，是全国三大玩具厂商之一，做玩具在网上卖，但一天卖不出几个。一个小女孩拿他们的产品去网店卖，每天能卖几十个甚至上百个。客户很奇怪，为什么我们卖得没人家多？后来他们看到小女孩的旺旺，看到她在用新一代的与买家交流的方式在卖，才明白过来。因为这种卖的方法适合年轻一代的思路和交流方式，从而能促进新一代的创业者发展起来。

我们认为，在未来的三到五年，企业将真正开始在网上做生意。我相信那时候的税收将更加透明、更加合理、更加科学，因为我们有更加科学的体系来评估。

我的小孩常在网上买东西，我问他，你不怕上当受骗吗？他说，怎么会上当受骗呢？你看我买了那么多次了，我什么时候上当受骗了。他在网上买了几年东西了，从来没有上当受骗过。他们这些人生长在这个时代，对网络并不陌生，从出生的第一天开始就接触到了网络。他们的声音将改变行业，没有这样的声音，我们永远做不好。孩子永远比我们聪明，孩子永远是我们的未来。

第2章

电子商务就是一个工具*

* 2002年6月11日，宁波讲话。

◇技术应该为人服务，人不能为技术服务。

◇团队精神、教学相长、质量、简易、激情、开放、创新、专注、服务与尊重，这九个价值观是阿里巴巴最值钱的东西。

◇美国NBA的球员为什么能越打越好？因为旁边的板凳上坐了12个人。

◇距离不可怕，可怕是你不知道距离。

◇人的胸怀是靠冤枉撑大的。

◇实力是靠失败积累起来的。

◇中国最好的团队是唐僧西天取经的团队。

◇“271”战略。

◇客户不成功，你也成功不了。

技术应该为人服务

搞电子商务，需要不断地和商人沟通交流，才能让电子商务发挥作用。我们筹划今年或明年搞一次电子商务“干帮”大会（“干”是实干的干，“帮”是互相帮助的帮），让商人来谈电子商务，而不是让IT界人士或者投资者或者互联网人士来谈电子商务。在我看来，电子商务，如果商人觉得有用就是有用，如果商人觉得没用，再好也没用。

我们公司很年轻，刚刚成立三年。这三年来，我们经历了各种痛苦、折磨。我跑了很多国家，跟世界上一流的企业家进行探讨。宁波的企业家一直以聪明、大度、具有良好的战略眼光而闻名。前几天，我参加浙江省对外贸易招商洽谈会。在招商会上，有人说宁波的企业家特别精明，香港十大企业家里，有三个人祖籍宁波。有人说，宁波的电子商务发展得不是很好，本来IT企业有七八家，现在只剩四五家，有名的、成功的企业不多，电子商务水平很差。我不这样认为，一个城市的电子商务水平如何，不能以有多少电子商务公司来衡量，不能以有多少IT企业来衡量。我觉得宁波现在是全国电子商务水平最高的地区，因为衡量一个城市电子商务水平的标准，应该是这个城市的企业运用电子商务的指数有多高，我们认为宁波的企业运用电子商务的指数是全国最高的。阿里巴巴到宁波一年多了，一年后，宁波地区的续签率高达95%，只有两家企业今年不再做下去。宁波的情况在全国、全世界都罕见，所以我觉得宁波的电子商务水平是很高的。

阿里巴巴曾两次被哈佛大学选为全球MBA教学案例。写案例的时候，他们会派一个人到我们公司，这个人在我们公司至少要待五天，跟我们所有的经理、部分员工，包括刚刚加盟的新员工和客户进行详细的沟通，然后花两个月时间写这个案例。每次拿到他们写的案例初稿的时候，我都觉得这不是阿里巴巴。很多人对阿里巴巴的看法很怪，有各种各样的媒体评论，媒体的报道我不全看，但很多会员对阿里巴巴的评论我一定会看。

我觉得技术就应该为人服务，人不能为技术服务。阿里巴巴之所以能发展得这么好，主要是因为它的CEO不懂技术。大批懂技术的人跟一个不懂技术的人工作，我觉得蛮开心，也很骄傲。因为有85%的商人跟我一样不懂技术，所以我要求阿里巴巴的技术要非常简单——使用时不需要看说明书，一点就能找到想要的东西。

1999年，我们离开外经贸部，决定回杭州创业。在离开北京的前一个礼拜，我带着六七个人去了一趟长城。去长城那天，我们觉得特别悲壮，感觉像是壮士一去不复返。我们发誓一定要做成一项事业，做出一家让中国人感到骄傲的公司。我们在长城上找到了灵感，我们看到每块城墙的砖头上都刻有“张三到此一游”“李四到此留念”。我就想，如果我要建公司的话，第一步就从BBS开始。

回到杭州，我收到一个邀请，新加坡政府请我去亚洲电子商务大会上发言，而且往返的机票都给我报销。我很奇怪，我当时也没什么名气，中国大陆就请了我一个人，是不是请错了？

新加坡电子商务大会的档次很高，200多人参加。虽然叫亚洲电子商务大会，但在大会上发言的80%是美国人，85%的听众是欧美的，所有案例都是美国的。我临时换了一个主题，我觉得中国有自己的特点，亚洲是亚洲，中国是中国，美国是美国，美国的模式在中国未必就行。那次研讨会在亚洲的影响很大。

后来，《经济学人》杂志登了一篇文章，讲我和亚马逊的老板，说美国有个人叫贝佐斯，中国有个人叫马云，同时从1995年开始做互联网，现在亚马逊做B2C，而我们锁定中小企业，这是一个很大的区别。亚洲以什么为主？以中小企业为主，全世界85%以上的企业都是中小企业。

亚洲是最大的出口基地，我们要以出口为目标，帮助中国的中小企业出口是我们的方向。我们必须围绕企业对企业的电子商务来做。无论是在中国黄页还是在外经贸部做客户宣传的时候，我们会见一个国有企业的领导，要谈13次才能说服他，而在浙江一带，跑三趟就可以了。这让我相信：中小企业的电子商务更好做。从新加坡回来后，我就决定：阿里巴巴的电子商务要为中国的中小企业服务。这是我们最早的想法。

阿里巴巴的战略

1999年2月21日，我们在杭州开了一个非常重要的会，直到今天，这个会仍影响着阿里巴巴。当时的18个创业者参加了这个会，我们提出了“东方的智慧、西方的运作、全世界的大市场”的目标，我们要创建一家让中国人感到骄傲的公司，一家能够持续发展80年的公司，要让所有的商人都来用阿里巴巴。总而言之，我们要认真踏实地创建一家公司。我们把自己口袋里的钱都掏了出来，凑了50万块钱。到了第六个月，我们就熬不下去了，风险投资找我们时，我们已经没钱了。

第一个找我们的是浙江的一家企业，他们说我们可不可以合作，我们给你100万元，明年你给我们110万元，我说你们比银行还黑。我们没日没夜地干，就这样熬过来了。1999年9月28日，我们获得了第一笔投资——500万美元，由美国的高盛牵头。

9月30日，我碰到日本软银的CEO孙正义，我们谈得很好，当时他就拍板投我们2000万美元。我只跟他解释了六分钟，他就听懂了什么是阿里巴巴。

我们第一次见媒体是在1999年的8月份，美国《商业周刊》杂志不知道通过什么途径找到了阿里巴巴。他们要求采访我们，但我们拒绝接受采访，后来他们通过外交部和浙江省外办（外事侨务办公室）让我们一定要接受采访。我们当时没有电话，也没有传真，只有一个在美国的e-mail地址。我们不想告诉别人我们是中国公司，那样的话，在全球化过程中，别人会认定我们是三流企业。

我们把采访的人带到居民区，门一打开，二三十个人挤在一个四居室的房间里，干什么的都有。他们觉得阿里巴巴这时候已经有两万会员了，名气很大的，应该是一家很大的公司，没想到是这样。

有个土耳其的记者跟我说，马先生，阿里巴巴是属于土耳其的，怎么跑到中国来了？这句话，至少有二十几个国家的人跟我说过——阿里巴巴是属于我们的，怎么属于中国呢？我们当时把总部设在香港，因为香港是特别国际化的。我们在美国设了研究基地，在伦敦设了分公司，在杭州建立了中国基地。

1999年、2000年的时候，阿里巴巴的战略很明确，就是迅速全球化，进入全球电子商务市场。我们要打开国际电子商务市场，培育中国本土电子商务市场。我们的口号是“避开国内的甲A联赛，直接进入世界杯”。这几年，很多人认为阿里巴巴在国外的名气比在国内大，这跟我们1999—2001年的战略有关，我们迅速地打入海外市场。现在，很多企业说自己全球化了。其实，并不是说你请几个外国打工仔或者在海外建个厂，就是全球化了，我们在全球化战略方面做过很多事。

我第一次在德国演讲时，1000人的会场里只有三个听众（那时候阿里巴巴有四万多会员）。第二次再去德国时，会场里坐得满满的，还有从英国飞过来的会员，大家一起进行交流。

中国加入WTO，国内所有的企业几乎都在问一个问题：我们该怎么办？国外的企业管理比我们好，钱比我们多，我们怎么能打赢？去年，我跑了20多个国家，参加了50场研讨会，所有的研讨会都谈到这个问题。我们怕国外的企业，他们同样怕我们，有一场研讨会的题目竟然是“中国是威胁”。

我第一次到伦敦的时候，我的公关经理告诉我，下午六点十五分，BBC电视台要采访我。他们的节目说是录播的，不是直播，他们请我事先准备一下五个题目。我说没关系，我不看。下午三点，BBC又发了个传真过来，说请马先生一定要仔细看。下午六点，我进了BBC，他们又拿出那五个题目，让我仔细准备，我心想那就准备一下吧。上了演播台，主持人说现在是BBC全球直播，有三亿人在看！然后，导播把镜头切过来，主持人开始问我问题。他问：阿里巴巴是中国的公司，如果你在英国创办公司，你觉得自己会成功吗？你想当百万富翁吗？你认为自己可以当百万富翁吗？这些问题跟我准备的那五个问题一点关系也没有，一下就把我问蒙了。我当时很紧张，但脸上还是挂着微笑。采访结束之后，我说我们会证明自己能活下去，而且活得很不错。后来BBC又对我进行了几次采访，其中有一次他们派了一个报道组到国内，一是采访当时的上海市市长徐匡迪，二是采访我。那个节目是BBC最热门的节目，一期25分钟。

在互联网企业最艰难的时候[①]，阿里巴巴回到了中国，把业务中心从上海撤回了杭州，我们放弃了国内其他的市场。这不是因为我们聪明，而是因为我们没有办法。我们在实施“回到中国”策略的时候，没有对外说。我们一直讲阿里巴巴在开拓海外市场，结果有些竞争对手跟我们出去打海外市场，去了就关门了，没能再回来。

---

① 指2001年互联网泡沫高峰时期。

是什么让阿里巴巴活了下来？是什么让阿里巴巴走到了现在？我们把回到中国后做的几件大事比作红军经过长征到了延安，第一是搞“延安整风运动”，第二是“建立抗日军政大学”，第三是“南泥湾开荒”。

我们之所以“整风”，是因为互联网发生了巨大的变化，每个人对互联网的看法都不一样，对阿里巴巴的看法也不一样。我们搞“整风运动”的目的，就是确定阿里巴巴的共同目标，确定我们的价值观。

企业要有统一的价值观

1999年，我们提出要做存活80年的企业，要成为世界十大网站之一，只要是商人，就一定要用阿里巴巴。这是我们的目标。作为阿里巴巴的员工，如果你不认同这个目标，请你离开；如果你认为这个目标不可能实现，也请你离开。

两个月以前，我到纽约参加世界经济论坛，世界五百强的CEO谈得最多的就是使命和价值观。中国的企业家很少谈使命和价值观，如果你谈，他们会认为你太虚了，不跟你谈。今天，中国的企业缺的正是使命和价值观，所以我们的企业只会变老，不会变大。那天早上，克林顿夫妇请我们吃早餐，他讲到一点，美国在很多方面是世界的领导者，但有的时候，美国的领导者不知道该往哪儿走，他们没有榜样可以效仿。我问克林顿，这个时候，是什么让你们做出决定？克林顿说：是使命感。

GE（通用电气）最早是做电灯泡的，他们的使命是让全天下亮起来，这使得GE在今天成为全球最大的多元化服务性公司。迪士尼的使命是让全天下的人开心起来，这样的使命使得迪士尼拍的电影都是喜剧片。阿里巴巴的使命是让天下没有难做的生意，我们开发的所有软件，都要让我们的客户把生意做得简单容易。

再有就是价值观，企业要有统一的价值观。我们的员工来自11个国家和地区，有着不同的文化，是价值观让我们团结在一起，奋斗到明天。我们请来关明生做阿里巴巴的COO（首席运营官），他今年已经53岁了，曾在GE工作了16年，非常出色。我们总结了九条精神，是这九条精神让我和他在一起奋斗了四年。我们告诉所有的员工，要坚持这九条：第一条就是团队精神，第二条是教学相长，然后是质量、简易、激情、开放、创新、专注、服务与尊重。这九个价值观是阿里巴巴最值钱的东西。①

在2000年，我们为阿里巴巴的所有员工确立了共同的使命、共同的价值观、共同的目标。新员工要经过学习，才能正式加入阿里巴巴。使命、价值观、目标是任何一家企业、任何一个组织机构都必须有的东西，如果没有这三样东西，就走不长，走不远，长不大。

可能90%的企业家不认同我这个观点，我见过的所有世界五百强的企业都在讲价值观和使命。梁山好汉一百单八将，如果没有价值观，在梁山上打起来还真麻烦。他们有一个共同的价值观，就是江湖义气，不管发生什么事，都是兄弟，这样的价值观让他们团结在一起。他们的使命就是替天行道，但他们没有一个共同的目标，这导致后来宋江认为应该投降，李逵认为打打杀杀挺好的，还有些人认为衙门不抓我们就很好了，以致最后崩溃。所以，一定要重视使命、价值观和目标。

领导要找到每个人的潜力

我们做的第二件大事是“建立抗日军政大学”，也就是干部队伍的培养。

① 阿里巴巴价值观的内涵随时间有所变化，目前的核心价值观为“六脉神剑”：客户第一、团队合作、拥抱变化、诚信、激情、敬业。

阿里巴巴要成为世界十大网站之一，靠游击队是不行的。光靠游击队是不可能打下全国的，决定最后胜利的是三大战役，有一大批将领发挥了关键作用。企业都很担心掌握核心业务的员工走掉，如果这个人走掉了，业务就没有了。有时候，经理的权力比总经理还大，因为他掌握了很多业务。中国的很多干部是义气干部，上面的领导压下来，他顶着；下面的事情，他帮手下的人扛着。还有一些人是劳模干部，本来每天干10个小时，领导让他当了经理，他觉得领导喜欢自己，当上了经理，每天干12个小时。我要求我们的干部管理团队在问题发生之前就要把问题处理掉。如果你今天做的工作，只是为今天而做，那就很危险，你做的任何决定都要基于公司3～6个月之后会发生的情况。如果没有人能取代你，那你永远不会升职，只有有人取代你，你才能成为上一级的领导。如果你出去六个月，找不到能替代你的人，就说明你不会招人，不会用人。领导要把人身上最好的东西发掘出来，如果你能把别人身上连自己都看不到的优点发掘出来，那才是你的厉害之处。如果有一只老虎在后面追你，你的奔跑速度一定会快到连自己都不可想象。每个人都有潜力，关键是领导要能发掘这个潜力。美国NBA的球员为什么能越打越好？因为旁边的板凳上坐了12个人，下面的人都很想上场，认为自己上去打也不差，所以场上的人压力很大。在培养干部队伍方面，我们学习NBA，建立了一套学习制度，要用制度做保障，不要用人做保障。

1999年，我们提出做到8万会员的目标，在提出这个目标的时候，我们只有3000会员，结果我们做到了8.9万会员。2000年，我们提出要做25万会员，最后做到了50万会员。2001年，我们希望做到100万会员。那年互联网不景气，这个目标好像是不可能实现的，但在2001年12月27日，100万会员的目标真的实现了。2002年12月我们实现了收支平衡。从那以后，阿里巴巴的营业额一直在增长，越做越好。

很多人认为，现在互联网企业的投资者和管理者之间有矛盾，我们不这么认为。我们认为，只有管理者会去欺骗投资者，投资者不太可能欺骗管理者。投资者给你钱的时候，你要记住，总有一天你要还他钱。这是做人的品质。让我们感到骄傲的是，刚刚创业的时候，我们几乎不打出租车。我们今天花的都是投资者的钱，当你有一天能花自己的钱的时候，才可以大胆地花。所以这两年，我们以小气而感到骄傲。

员工是最好的财富

自2000年以来，我们的国内外广告的预算为零。尽管是零预算，但我们的会员达到了120万，越做越大，这就是口碑的影响力。前两天我参加一个研讨会，会上有人说宁波的市场不好，我说宁波的市场非常好，我们在宁波赚了很多钱，所以整个收支才能平衡。从2001年12月开始，我们公司进入了非常良好的运营状态。今年一季度，不断有人要给我们投资。非常奇怪，你越有钱，别人越投资你。现在互联网企业很难拿到风险投资，但我们很容易就能拿到投资。我们现在的钱很多，但我们花得很少，所以我们还要不断在海外发动大的市场战略。

现在，我们的干部逐渐成熟起来了，我们的团队扩大到了500多人。当下是互联网的寒冬，互联网企业都在裁员，而我们在扩大规模。我们今年的目标是赢利一块钱，也就是说，如果我们全年花出去800万元，那我们就要赚进800万零一块钱。事实上，到现在为止，我们的确运转得非常良好，员工从前年的100多名增加到去年的200多名，又增加到今年的500多名，我们还要不断地招人。

有人说，阿里巴巴已经有那么多人了，为什么还要招人？我们认为，员工是公司最好的财富，有共同价值观和企业文化的员工是我们最大的财富。假设银行的利率是两个百分点，如果你把这些钱投在员工身上，让他们得到培训，那么员工为你创造的财富远远不止两个百分点。虽然我们去年在广告上没花钱，但在培训上花了几百万元。阿里巴巴现在的会员已经达到了120万，在电子商务领域，我们的会员数已经跃居世界第一位，而且我们连续两次被哈佛大学评为全球最佳商业案例，连续两次被《福布斯》杂志评为最佳B2B网站。这就是我们得到的回报。

距离不可怕，可怕的是不知道距离

我到哥伦比亚大学访问时，那里的教授说，当前世界上有五家典型的互联网企业：跨媒体多平台以AOL（美国在线）为典型；B2C以亚马逊为典型；C2C以eBay为典型；门户以雅虎为典型；B2B以阿里巴巴为典型。今天，亚洲人创造出了一家为亚洲企业服务的电子商务企业，并为世界IT界所认同，我们感到非常骄傲。

我在中央电视台的《对话》栏目里看到一位中国的知名企业家讲了一句话，我很不以为然。他说，我这家企业很难管理，哪怕是通用的前任CEO杰克·韦尔奇来我这里管理，最多也只能待三天。我要说的是：第一，杰克·韦尔奇不会待三天；第二，如果他来了，一定会改变你的企业。可怕的不是距离，而是不知道有距离。我有一个朋友，在浙江省散打队当教练，他给我讲了一个故事。武当山下有个小伙子非常厉害，把很多人都打败了。他认为自己天下无敌，于是跑到北京，找到北京散打集训队的教练，说我要跟你的队员打一场。教练不让他打，但越不让他打，他越要打。最后教练说，那就让你打一下吧。结果，五分钟不到，他就被打下来了。教练跟他说，小伙子，你每天练两个小时，把每天练半个小时的人打败了，这很正常，但我这些队员每天练十个小时，你怎么可能打败他们？况且我的队员还没有真打。天外有天，人外有人。

2001年，阿里巴巴已经取得了收支平衡，会员数达到了100万。到了这个阶段，我们不知道该往哪儿走了。我跟日本索尼的老总在香港开了一个会，在交流过程中，他让我大为折服，我觉得CEO做到他这种程度，真的很厉害。他把管理看成道，有着非常清晰的管理理念。跟他交流之后，我一下子就明白了阿里巴巴当下所处的发展阶段和位置。后来，我去纽约参加世界经济论坛，跟波音的老总、微软的比尔·盖茨交流，他们也让我大为折服。跟人家一比，你才发现自己的差距很大。

波音的老总讲，他经常会问自己一个问题：我做这个决定，到底是错还是对？这时候就需要一样东西——企业的发展战略。企业没有明确的发展战略，是不行的。他说他当波音CEO的时候，波音的重心都放在民用航空上，没有放在军事航空上，这就是战略。我们中国的企业家与世界一流的企业家相比，差距还是很大的。上个月，我参加了世界经济论坛的北京分会，跟北大的教授吵了一场架，他把中国的MBA说得天花乱坠，我说中国的MBA根本就没有用。

那天我是有感而发，我那时候刚从纽约回来一个礼拜，就赶到北京，参加北京的世界经济论坛。在会场上，台上四五个人在讲，下面只有一半的人在听，另外一半人不是打电话，就是抽烟、聊天。上面谈上面的，下面谈下面的，我觉得特别尴尬。为什么中国的企业家会出现这样的问题？还有一次，一个国家的部长请了12个中国企业家交流座谈，这个部长讲了15分钟的话，这15分钟内，我们大半的企业家都在打电话。部长特别尴尬，我看了都不知道该说什么。如果中国的企业家都是这样，谁还愿意跟中国企业交流，谁还愿意跟中国企业做生意？我说我们的企业家去学MBA，不是要先学做事，而是要先学做人，这样才能改变我们。

后来，我去哈佛、斯坦福、麻省理工，还有印度大学，他们都骂我。当然，我也收到过很多e-mail，是MBA学生写来的信，说我骂他们是因为我爱他们。

我跟金庸探讨《笑傲江湖》的时候，得出一些观点。什么人能笑？什么人能傲？作为企业家，你想笑得爽朗，凭什么？有眼光、有胸怀的人才能笑得爽朗。另外，你想傲，就一定要有实力，人家一个巴掌打过来，你滚出五米开外，再傲也没有用。所以，想要笑傲江湖，就要眼光犀利、胸怀开阔。我认为，想要有眼光，读万卷书不如行万里路。多看，多跟高手交流，你就会发现自己的差距还是蛮大的。这样，你的眼界就会开阔了。很多企业家觉得自己是某某城市的第一，到外面看一下，其实你还差得很远呢！

我们跟克林顿吃早餐那次，他居然能说出中国那些部长的名字，中东一些部长的名字他也能说出来。你会感觉他是一个实实在在的人，一个平凡的人，这正是他的伟大之处。所以，要不断地去走，不断地去跑，不断地去看。

胸怀也非常重要，一个人有眼光没胸怀，是很倒霉的。《三国演义》里的周瑜就是眼光很厉害，但胸怀很小，结果被诸葛亮气死了。宰相肚里能撑船，说明宰相遭受的怨气太多了。不可能每天跟人解释，只能干，用胸怀跟人解释。**人的胸怀是靠冤枉撑大的。**

再就是实力，我觉得实力是靠失败积累起来的，每次失败都是在积累一个人的实力、一家企业的实力。当我年纪大了，跟我孙子聊天时，如果我说你爷爷当年做成过这么大的事，我孙子可能会说，你一点都不牛，只不过是刚好互联网的大潮来了，有人给你投资罢了。如果我说我这一路上犯了很多严重的错误，他可能会很崇拜地看着我。一个人要有太多惨痛的经历，才会有最后的成功。

千万不能把自己当英雄

别人把你当英雄的时候，你千万不能把自己当英雄。如果自己把自己当英雄，必然要走下坡路。

企业要讲求团队精神。人家说，马云，你今天做得非常不错。其实，我只是我们公司的说客，我是光说不练的人，真正让我觉得骄傲的是我们的团队。我给大家介绍一下我们公司的四个“O”团队。

我们的COO关明生，在GE等全球五百强企业做了25年经理人，英国籍香港人。我们的CFO（首席财务官）蔡崇信，在欧洲做投资的，法学博士，加拿大籍台湾人。我们的CTO（首席技术官）吴炯，雅虎搜索引擎发明人，美国籍上海人。我，CEO马云，中国国籍，杭州户口。我们四个人各守一方，现在合作得非常好。

大多数人认为中国最好的团队是刘、关、张、诸葛、赵团队。刘备善于用人，关公、张飞、赵子龙的武功都那么高，又那么忠诚，再加上诸葛亮这个智囊，这样的团队是千年等一回，很难找。我认为**中国最好的团队是唐僧西天取经的团队**。像唐僧这样的领导，什么都不知道，就知道要取经。这样的领导没什么魅力，也没什么能力。孙悟空武功高强，品德也不错，唯一遗憾的是脾气暴躁，单位里有这样的人。猪八戒虽然狡猾，但没有他，生活也少了很多情趣。沙和尚就更多了，你不要跟我讲人情、讲价值观，“我就干这么多工作”，半个小时干完活儿就回去睡觉了。这样的人，单位里有很多很多。就是这样四个人，历经千辛万苦，取得了真经。这种团队是最好的团队，这样的企业才会成功。

今天的阿里巴巴，不需要精英团队。精英们在一起，肯定做不好事情。我们都是平凡的人，平凡的人在一起做一些不平凡的事。这就是团队精神。

电子商务就是一个工具

什么是电子商务？这两年，电子商务被说得越来越神奇。说实在的，我不太愿意参加IT界的论坛，人家一说马云是IT界的业内人士，我就慌了。阿里巴巴不是一家IT企业，阿里巴巴是一家服务公司，我们以网络为手段帮助我们的客户，把客户变成电子商务公司。如果明天我们发现有一样东西比互联网更好，那我们就会用那种方法。我们不希望成为高科技公司，你跟客户说你是高科技公司，客户会崇拜地看着你，但不会买你的产品，因为高科技离他们太远了。所以我们说，我们不是高科技公司，不是IT公司，我们是商务服务公司。互联网不是什么高深的东西，电子商务就是一个工具。

这两年，做工具的人把自己的榔头说得天花乱坠，把真正买榔头的人弄糊涂了。很多人跟客户说，我们公司给你提供一个电子商务解决方案。电子商务不是解决方案，电子商务只是一个工具，你拿回去之后，自己解决自己的问题，这才是真正的电子商务。电子商务这个工具，跟传真、电话没什么区别，它只不过是把传真、电话、网络、电脑、电视、报纸等媒介结合在一起的工具，用起来还是不错的。我们不要把电子商务看得太神秘，宁波有很多企业说自己在做电子商务，用电子商务做物流、配送等，说得天花乱坠。电子商务涉及三个流：信息流、资金流、物流。今天的企业用电子商务只能做信息流，如果有人告诉你，我能帮你做信息流，还能做资金流、物流，那我觉得他一定是在说谎，现在没有哪家公司能把信息流、资金流、物流结合在一起。不是技术做不到，而是很多条件没有具备，没有准备好。比如资金流，谁做得最好？银行做得最好。

2001年12月，我到达沃斯参加一次会议。在会议上，一个欧洲的客户跟我说，阿里巴巴做得真不错，我就用阿里巴巴，我的卖家就是在阿里巴巴上找的，但你别告诉我你要做网上交易，我现在可以把我的钱汇到任何一个账户，对方24小时之内一定能收到，我为什么要在网上付钱？我觉得他说得很有道理。我做了一个调查，99%的阿里巴巴会员告诉我，他们愿意在网上支付的金额在5000美元以下。

美国东海岸和西海岸的羊，虽然羊种是一模一样的，但体格有很大区别：东海岸的羊心脏功能很好，体格发达；西海岸的羊心脏很肥大，寿命不长。原因是什么？东海岸有狼，羊经常跑；西海岸没有狼，羊缺乏运动。如果狼真的来了，先被吃掉的自然是西海岸的肥羊。宁波、温州的企业这两年发展很快，因为它们规模小，船小掉头就快，形势不对马上就跑。这不是赌博，是投资。曾经有一家企业跟我说，我们不做电子商务不会死，怕就怕做了电子商务反而让我们的企业死掉了。我说这种情况并不多，不能把所有的钱都押在电子商务上。任何商业投资都要看有没有效果，有效果就多投一点，没有效果就不要多投。电子商务不是救命稻草，公司要成长，需要做很多事情，不能光靠电子商务。电子商务只能帮你找到国内、国外的买家，至于买卖能不能做成，还有很多企业内部经营管理的问题。所以我觉得，我们要把电子商务当作投资，就像学外语一样，如果你不学，等到要用的时候，就来不及了。

中国商人特精明，谁都不愿意告诉别人自己成功的经验。我小时候读书不好，是因为很多同学都玩，他们说玩有好处，所以我也玩，天天玩。结果，我考试考不过他们，后来到人家家里才发现，人家在家里认真学习，我还在家里玩。我讲这个例子是要告诉大家，我们中国的中小企业，电子商务做得非常好，但他们不会告诉你经验。我们有个客户在网站上卖雨伞，卖得非常好。他说，不要让我做采访，不要让我分享经验，这种事情我是不会干的，如果我这样做，大家都去卖雨伞怎么办？这种心态我非常理解。江浙的企业非常有意思，嘴上说不一定用互联网，实际上付钱比谁都快，他怕别人追上来。

客户成功，你才能成功

有时候要相信自己，要用自己的眼光去看待电子商务。不一定非要用我们的网站，用别人的网站也可以，只要是网站就行，大胆走出第一步，这一步下去，你肯定会尝到甜头，但也不要奢望三天就能看到效果。

有的企业告诉我，我们早就电子商务了，我说你们怎么个电子商务法儿？他说我们做了很多网站，花了很多钱。我说你们的网站叫什么名字呢？“名字我不记得了，我得查查。”连自己网站的名字都不记得，这也叫电子商务？对电子商务来说，做了一个网站只是刚刚开始，就像买了一个工具，买了一个扳手回来，往家里一放，就能说已经做好了吗？

所谓电子商务，是以商务为目的的，电子是一个工具、一个手段，用它去经营你的企业，而不是说做一个网站就可以了。现在我们公司内部实行“271”战略：20%是优秀员工，70%是不错的员工，10%是必须淘汰的员工。我对客户也要实行“271”战略：每年有10%的客户是一定要淘汰的。这就像我是医生，你是病人，你来看病，我开了一个药方，你把药买回去，往家里一放，不吃药，我也没有办法。

我给大家讲个故事，我经常给我们的员工讲这个故事。杭州有一家很有名的饭店，在上海、南京、北京都开了分店，去吃饭，甚至需要提前一个礼拜预订座位。但是六年前，我到这家饭店吃饭的时候，店里还没有几张桌子。我点好菜后在那儿等，过了五分钟，经理来了，说：“先生，你的菜重新点吧。”我说怎么了？他说：“你的菜点错了，你点了四个汤、一个菜。你回去的时候，一定会说这家饭店不好，菜不好，实际上是你的菜点得不好。我们有很多好菜，你应该点四个菜、一个汤。”我觉得这家饭店很有意思，为客人着想，而不是像一般饭店那样，看见有客人来，上来就说龙虾很好，甲鱼也不错。这家饭店会对客人讲，没必要点这么多，两个人点这些就够了，不够再点。你会感觉他是真正在为客户着想。客户成功了，你才能成功；**客户不成功，你也成功不了。**

对企业来讲，“客户永远是对的”。其实大多数时候，客户都是错的，因为他们并不知道你们在干什么，但企业家要明白自己在干什么。阿里巴巴是一家商务服务公司，帮助大家在网上达成商务合作。我对电子商务的理解就是一句话：电子商务不是炸弹，而是一个工具，它能帮你把产品推到全国、全世界，能帮你在网站上收集其他人的情报，还能帮你加强企业内部的管理和调控。

第3章

什么是你的独特优势*

* 2008年3月5日，在深圳网商论坛上的讲话。

◇做企业一定要专注。

◇为企业制定战略目标，绝对不能超过三个。

◇永不放弃谁都会说的，关键是真的撞头后，你是否会放弃。

◇领导者的眼光、胸怀和实力是最重要的。

◇我需要一个以服务为导向、了解客户痛处的人。

◇竞争是极其快乐的活动，如果你觉得竞争让你越来越累，那你就错了。

◇领导者一定要为你的团队确定价值观，要和手下的人约法三章。

◇别人倒下的时候，你还跪着，你就赢了。

◇我一直觉得，如果马云可以成功，中国80%的年轻人都可以成功。

人要明白自己是谁

创业者如何将公司慢慢做起来，做好、做强、做大？最近，我觉得自己的名气大了起来，特别是上市[①]以后，人们看我的眼光不对劲了，媒体也跟着起哄，大家觉得阿里巴巴怎么这么厉害，马云怎么这么厉害。在取得了一点成绩以后，我们可能会忘掉自己是谁，因为我们年轻，我们是平凡人。创业的时候，我不断提醒自己我们是谁，我们从哪里来。11月6日阿里巴巴上市的时候，大家觉得阿里巴巴真的很伟大，怎么会有这么高的市值。对我来说，11月6日跟11月5日是一样的，我没有觉得自己有怎样的变化。

在今年的阿里巴巴全体员工大会上，我讲了阿里巴巴是一家怎样的公司——我们是一家高速发展的小公司，具有很强的社会影响力。首先，我们要明白阿里巴巴是一家小公司，如果我们将自己定位为一家跨国公司或一家非常厉害的公司，那我们的路就会越走越窄。上市前后，我将阿里巴巴五年以上的员工聚集在一起开了个会，我问了他们一个问题。我说，阿里巴巴有

① 2007年11月6日，阿里巴巴B2B在香港挂牌上市。

这么多百万富翁和千万富翁，在别人眼中，我们很成功。为什么成功？因为我们比别人勤奋？我看不出来，虽然我们很勤奋，但这个世界上比我们勤奋的人很多。因为我们比别人聪明？我看未必，四五年前我们招员工很难，现在招员工很容易，街上会走路的人都被我们招来了。我们不勤奋，也不聪明，结果我们这些人都变成了富翁，是什么原因？因为我们的运气好，我们其实很傻。七八年前，很多人加入了阿里巴巴，一些聪明的人认为公司给的机会很少，被别的公司挖走了，或者自己创业，收入和待遇提高了。剩下的人不聪明，没有人来挖，结果五年以后，回头一看，我们居然变得这么有钱。

我的这个观点，这几百名在阿里巴巴干了五六年的员工都同意。人要明白自己是谁，是什么原因让你成功。阿里巴巴有现在，首先要感谢有互联网这个行业，没有互联网这个行业，我们不可能有颠覆性的思考，行业的高速成长成就了我们。其次，我要感谢中国经济的高速成长，特别要感谢我的团队，这帮人熬了五年，一直相信我，跟着我走。不是说我马云有多么聪明和能干，别人说我能干，我觉得其实是说我的员工能干。我高考考了三年，我从没觉得自己考试能考进前三名，进了前三名，我会觉得自己怎么会考得这么好。当然，我也没掉到过15名以后。我对自己的儿子讲，你用不着考前三名，中等就可以了，也不要太差了。这样的人才有更多的时间学习其他技能，我讲的是真话。我觉得，中国的经济要发展，就需要大批中小企业和民营企业，需要大批具有正确价值观和使命感的创业者。

我觉得忽悠别人是很容易的，我可以很虚伪地跟别人说，你很勤奋很努力，坚持几年，一定能成功。实际上，你告诉他的是一条走不通的路。我相信，人这一辈子，很多时候需要有人跟你讲真话，需要有人在关键时刻跟你讲真话。我现在很感谢我大学的英文老师。我是学英文专业的，十多岁就跟老外学英文。在杭州，不管天气怎样，我都会跑到西湖边找老外练习口语。我带他们逛西湖，他们教我口语，坚持了八年左右，所以我的英文发音是很好的，至少比农村的孩子好很多。大学的时候，有一次英文考试，我只考了59分，农村的孩子考了八九十分。我当时很狂妄，去找英文老师说，我的英文发音很准，为什么只给我59分？这不公平。那个老师说，你念一段给我听听。我就念了一段，他说真的不错。我心里感觉找到了平衡点，没想到他又说：59分，明年要补考。第二年，我去补考，他给了我60分。我问他为什么，他说因为你不知道自己是谁，你太狂妄了，你的水平只有59分。

这么多年来，我很感谢这位老师，我在大学里唯一通过补考才及格的功课，也是我认为最强的一门功课，就是英文发音。所以，讲真话很重要。在做《赢在中国》评委的时候，有几个选手很可爱，讲话很幽默很搞笑，但不适合晋级，电视台的人说要将他们留下来，这样才有收视率。我说，如果要选“超女”，应该请文艺界的人来做评委。我就是这样的，我认为我应该讲真话，应该做好自己该做的事情，因为我相信这个节目对很多初期创业者，甚至是5～10年的创业者的影响是很大的，如果我在上面忽悠，讲的话不真实，为了搞笑而搞笑，就会害了一代创业者。我不后悔自己说了什么、做了什么，今天我马云的水平只有这么高，我也不想迎合大家，我无法让所有人都开心，让自己开心才是重要的。

作为创业者，重要的是让自己开心，反正我是一个很能让自己开心的人。大家要记住，媒体上说这个人太厉害了，这家公司太厉害了，事实往往并非如此，至少我不相信，我没有媒体说的那么厉害。创业九年以来，我们有很好的模式、产业和团队，所以我们走到了现在。我可以告诉大家，任何企业，在别人看来很好的时候，往往就是灾难要来临的时候。人也是这样的，发现问题的时候，已经晚了。

公司的领导者一定要清楚什么东西会变成癌症，要不断地体检，不断地反思。别人问我，你的脸怎么长得这么怪？我说，因为我想的东西比较怪，我天天在想什么东西会阻碍公司的发展，什么东西会变成癌症，什么东西会变成感冒。员工多了以后，麻烦也多了很多。阿里巴巴有近9000名员工，绝大多数员工的学历都在大专、本科以上，每个人都认为自己很聪明，凭什么你比我聪明，每个人都在讲战略战术，实际上他们都不懂，所以很难管。公司大了以后，会出现很多问题，你要不断地去思考。

做企业一定要专注

到今天为止，阿里巴巴走过了九年时间，到明年就成立十周年了。目前我们有七家公司，领头的是阿里巴巴B2B，是做出口和外贸的，刚刚上市。第二部分是淘宝网，现在做C2C，也是帮助中小企业的。我们发现，因为中国和欧美的贸易顺差、贸易逆差，加上美国的次贷危机，很多企业从做外贸加工转向做内贸，进入零售行业，所以我们准备在这方面帮助企业。第三部分是支付宝。第四，我们收购了雅虎中国，还有阿里软件。第五是口碑网，大家租房子或吃饭，都可以在上面了解信息。第六是阿里妈妈，是帮中小企业做品牌的。

我认为做企业一定要专注，但专注跟我讲的这些并不矛盾。**为企业制定战略目标，绝对不能超过三个**。超过三个，你就记不住了，员工也记不住。每年定目标，确定三个最重要的，第四个就砍掉。

阿里巴巴为什么有七家公司，而不是八家？一个人的管理能力是有限的，最多只能管七个团队，七个以下没有问题，超过七个，一定会产生问题。对于小企业来说，战略就是活下去。要活下去，你必须想清楚三件事情：第一是你要做什么，第二是怎么干，第三是干多久。

很多人做企业的时候，考虑自己能做什么，拿自己的强项跟别人的弱项比，我比别人有钱，我比别人技术好。我可以告诉你，世界上比你能做的人太多了，比你会做的人也很多，比你想做的人更多，但没有人比你更爱你自己。所以，人要有梦想。

想清楚梦想是什么以后，就要去做。在做的过程中，要懂得舍弃，在关键时候，要学会退回来，这是很重要的。 而且，要像李嘉诚学习，他的经验是永远将钱放在桌子上，跟别人分享。关键时刻，谁都敢说，重要的是谁敢做下去，所以要想清楚该做什么，把它写下来。

有些人创业，两年之内如果没有做起来，就会对以前的决定感到后悔。阿里巴巴能有今天，很重要的一个原因是：九年以来，我们只做电子商务，没有进入其他领域。当初为了活命，或者为了早点上市，或者为了套现，我们完全可以进入短线或游戏领域。但是，我很害怕起大早赶晚集，所以我跟自己讲，反正已经九年了，我不在乎再熬九十年。有这样的心态，才有可能往前走。**永不放弃谁都会说，关键是真的撞头后，你是否会放弃。**

这话我自己有很深的体会，创业要成功，就要永不放弃。但是，人有的时候必须懂得放弃，只有放弃了，才会进步。前几年，有人轰轰烈烈地创业，追赶互联网，结果死掉了。他明知道这块石头很硬，还要撞开。人跟动物是不同的，要学会绕过。大家都认为中国不可能搞电子商务，没有诚信体系，没有银行支付体系，没有网络的基础建设，怎么可能做起来？所有人都这么讲，但我坚信中国一定会实现在线交易。中国要搞电子商务，缺少了诚信体系、市场体系、支付体系、搜索工具和软件，怎么办？那就将它们建起来，创业者如果等到所有条件都具备了才开始做，机会早就不是你的了。

人之所以上当，往往是因为太贪，好事情放在眼前，凭什么别人不做，让你做，你比别人勤奋吗？请大家记住，创业者会遇到各种各样的诱惑和机会，需要思考的是，如何才能往前挺进？对于阿里巴巴来说，我想清楚那三件事情以后，就建立了这七家公司，完全是因为中国缺少这些公司。

领导力非常关键

我给大家讲个故事，支付宝是如何做起来的？那时候，我去找银行，银行都说不能做，因为这是金融产品。但是，如果中国的企业不进入支付领域，跨国企业就会进入，那样的话，我们就会成为别人的牺牲品。我在达沃斯开会的时候，听克林顿讲领导力。我忽然明白了什么是领导力，就是大胆地去做自己坚信的事情，去做不伤害国家和客户的事情。所以，我就决定立刻去做，积极地投入。张三找李四买东西，李四不给，张三就把钱交给支付宝，如果他上当受骗，损失了100万元，我就赔100万元。别人说我是忽悠，我是真的将钱放在那里，准备赔的。我们将体系做得干干净净的，我一分钱都不拿，你什么时候来检查都行。这样，政府就会觉得，你不做谁来做？只有做得干净、透明，企业才能不断地走下去，员工和亲戚才能睡得好。

网络上流传着很多马云的妙语，实际上这些话都不是我说的，还有很多关于我的书，我都不知道是从哪里来的。如果一篇文章用了很多形容词，那这话一定不是我说的，我不会用这么多形容词，我只是做我该做的事情，我是受使命感驱动的。

企业在发展过程中，领导者是非常关键的。我是阿里巴巴的领导者，我必须做中国电子商务的开拓者，必须想清楚自己想做什么、该做什么、准备做多久。互联网有三大板块，第一是意识形态。这个板块我认为很难做，因为我看不出全世界的意识形态会统一起来，所以我不做，留给别人去做。新浪、搜狐做得很好，就让他们做。

第二是娱乐行业，就是游戏，这个板块腾讯做得比较好。我总觉得游戏不能改变互联网产业，因为人不能总玩游戏，但有的游戏还是可以做的，商业是全世界的人都能玩的游戏。所以，我决定做互联网的第三大板块——电子商务。做多久呢？未来十年，电子商务一定是互联网的主流市场，我们一定会越做越好。当然，困难也会越来越多，竞争也会越来越激烈。

那么，我们的客户是谁？我们的客户是中小企业，是创业者，这是我给阿里巴巴的定位。如果有大企业来，原则上我们是不做这个生意的。而且，中小企业进阿里巴巴的时候可能只有三五百万元的规模，后来可能变成了几千万元或者一亿元的规模，我就会跟他们说，你现在变成了一亿元的规模了，应该去找别人了，我只做中小企业和电子商务。不能教小学的时候，还想着教中学，甚至连大学也想包揽。在想清楚客户是谁的情况下，我们就要锁定市场，去做该做的事情。在利益和诱惑面前要学会说No（不），反正我是不干的。

领导者不学习、不提升、不进步，你的企业也永远不会学习、提升和进步。我能有今天，我的企业能发展到9000人，除了我刚才讲的三点外，还有一个很重要的原因。我是学英文的，我的机会很好，这几年见了很多优秀的人，有高科技领域的比尔·盖茨，有做投资的巴菲特，还有克林顿。我跟他们成了朋友，跟他们沟通交流。第一次见到克林顿的时候，我就想，这哥们儿怎么这么想问题。这么厉害的总统，跟你讲话的时候，眼睛会一直看着你。我们有些处长和局长，跟人讲话的时候，眼睛都是往上看的。他看着你的时候，你会觉得，伟大的人作为平凡人存在的时候才是伟大的。我再能干，在克林顿面前，在领导和治理国家上，我能算什么？所以，我要向他学习。还有比尔·盖茨对未来的畅想，巴菲特、索罗斯对投资的理念，这些人的思想都值得我好好学习。企业的首要社会责任，不是不择手段地赚钱，有的企业搞的产品确实是欺骗人的，结果每年捐点钱给别人，就变成了大善人。

我认为，**领导者的眼光、胸怀和实力是最重要的**。这些年来，我一直坚持这样的想法。领导者的眼光放不开是不行的，我们跟别人比赛，比的是谁看得更远，谁看得更高。生意越来越难做，眼光看得更远，走得就更远。企业要用各种各样的人，而有能力的人往往都有一点古怪，所以领导者胸中要能容纳千军万马，最怕的是跟员工比谁聪明。我现在不跟员工讲电子商务，因为我讲不过他们，他们天天用，淘宝网和支付宝的功能是如何做的，如果我都懂的话，我不是超人就是骗子。作为领导者，你一定要明白，每个领域都有比你更懂的人。我下面的副总裁一定比我聪明，因为他90%的时间都在想如何做市场推广，我要装作比他能干是不可能的。所以，领导者要有包容的胸怀，这说起来容易，做起来很难。

以服务为导向

这两年，我让各种各样的人加入了阿里巴巴。我们支付宝的总裁和创始人之前根本不知道什么是支付宝，也不知道什么是银行体系，他是销售和客服人员。我跟他说，你到杭州去做支付宝公司吧。支付宝是纯粹的银行体系，为什么请不懂银行的人去做？原因很简单，我需要一个以服务为导向的、了解客户痛处的人。如果请银行的人，银行的游戏规则是这个不能做，那个也不能做，结果什么都不能做。如果请不是银行的人来，就不会出现体系的问题，事情就可以做，只是要严谨一些。他下面的助手可以是银行的。领导者不需要什么都懂，但需要知道请怎样的人，找对人是关键。找专家的话，最好让他当助手，不要让他当领导。

今天，很多人看到的是马云如何成功，阿里巴巴如何成功。其实，这些都是假象。九年来，我们犯了很多错误，失败了很多次，遇到了很多倒霉的事情。前几年我就想，反正已经倒霉了六年，再倒霉六十年也无所谓。很多人有成功感的时候，就会开始倒霉，因为成功了以后，就开始走下坡路了。领导者的眼光和胸怀很重要，我们公司考核主管和干部的时候，有三个指标：战略、团队、结果。战略是跟使命感结合在一起的，战略就是你想干什么，而不是别人想干什么，谁是你的客户，你想提供怎样的服务。中国人很喜欢讲战略，我到现在也没搞清楚什么是战略，我只知道谁是我服务的对象，如何为他们服务好。其实，**竞争是极其快乐的活动，如果你觉得竞争让你越来越累，那你就错了。**竞争是让对手很累，你是很快乐的。

当然，在竞争过程中，要遵守游戏规则，规则是人制定的，不能做伤害别人的事情。竞争就像下棋，虽然对方可能下得很臭，但你不能骂人臭。在竞争过程中，你要不断锻炼自己的胸怀和团队。不要将竞争看得很重，竞争是企业经营过程中的乐趣，只有找到竞争对手，你才知道要跟谁比。阿里巴巴B2B要做强做大，就要找到榜样，比如微软、沃尔玛和谷歌。不要跟同行业的人比，同行业相互竞争，你很难赢，因为你想到的他也想到了，你们都很懂。创新永远在业外，政府的创新在企业里，企业的创新在政府里。

领导者一定要为你的团队确立价值观，要和手下的人约法三章。很多人从小公司做到大公司以后，会觉得今天公司大了，什么事都可以做了。希望大家记住，经营大企业，要有小企业的思维和大企业的眼界。任何大企业都是这样走出来的，谁也不是一下子就很强大的。最关键的是，领导者要跟你的团队充分沟通。一个埋怨上级的人，你永远不能提拔他。比如说老板是混蛋，再混蛋，做你老板也是有道理的。埋怨平级和埋怨下级的人，你也要让他们离开。

很多领导很看重结果，比如今年要完成2000万元的任务。以结果为目的，你的团队会很累，永远想着我做哪些事情才能完成2000万元。不要这样思考，否则所有人盯着的就是钱，而不是服务。战略、团队、结果这三点，管理层必须把握好。阿里巴巴能走到现在，原因很朴实，也很简单，但做的过程确实很艰难。我相信，中国一定会出现世界级的企业，中国人很聪明，一学就会，重要的是干的过程中要不断反思这些问题。

阿里巴巴是创业者，培养的是中国的土老板，我要完成自己作为老师的心愿。我将阿里巴巴定位为活102年的企业，就是持续成长、发展102年。为什么是102年？阿里巴巴是1999年诞生的，到下个世纪初，刚好是102年，横跨了三个世纪，目标很明确。我认为大学是可以走100多年的，企业的文化也可以走100多年，企业文化是企业发展的DNA，投资也可以做100多年。既然确定了我们要走102年，就要有思考和建设，因此我们成立了阿里学院，目的是帮助中小企业和创业者。今天，我们还在规划做更多的事情。

什么是你的独特优势

对于中国来说，国家的希望一定是寄托在中小企业身上的。中国有13亿人口，靠国有企业来解决就业问题是不可想象的，如果是这样，这个国家就没有希望了。中国必须依靠中小企业，只有它们强大了，国家才有各种各样的创新机制。我的下半辈子就是为中小企业工作，为创业者工作。中小企业要生存，最重要的是要找到贸易机会，找到买家和卖家，而电子商务就是帮助企业解决生存问题的，阿里巴巴是帮助中小企业生存、成长和发展的。

如果你将自己的企业定位为纯粹的销售公司或制造公司，那你的麻烦就会比较大，因为中国这样的企业成长得很快。什么是品牌？品牌不是名声，品牌要让别人品得出来，品得出来的是文化。我不敢说今天阿里巴巴有品牌，可以说有知名度，这是我带领大家不断抗争、不断努力的结果。当你看到市场上有很多人做手机的时候，你必须考虑，什么是你的独特优势，什么是你做得到，而别人做不到的。

不管你做什么行业，我的建议是，如果你觉得做不过别人，就千万不要去做，因为大家一哄而上，必然会一哄而下。假设中国一个月有1000多家互联网公司诞生，大家想想，中国有这么多的人才和技术储备吗？我坚信，一个月有1000家企业诞生，必然会有1000家企业倒闭。所以，1999年，我讲了一句话：**别人倒下的时候，你还跪着，你就赢了。**这句话曾被别人批评，但我不在乎。只有坚持，才能赢。当然，在坚持的同时，要明白自己的独特价值在哪里。

我经常讲，电子商务在中国只有十年的发展时间，十年以后，将没有人再谈电子商务，因为战斗已经结束，游戏已经玩完了，谁是老大，已经不言而喻了。就像今天，没有人再说谁是彩电行业的老大，因为已经没有意思了。到那个时候，电子商务已经深入人心。这些年来，我们做的是基础建设，就像搞土地开发，水、电、煤气是我们提供的，上面的房屋怎么建都可以。我们就是要建好中国的网络体系、支付体系和诚信体系，以此来帮助大家。

阿里巴巴一定要建立强大的生态系统和竞争体系，让更多的人跟我们竞争，参与我们的竞争，这样我们才会越来越强大。如果我们的竞争对手都死了，那我们一定活不长。看到竞争的时候，市场就会很大；看不到竞争的时候，市场就萎缩了。电子商务不是投机行为，是投资行为。我不是希望大家都来用阿里巴巴，而是希望大家都来用互联网和电子商务。我的目的不是挣钱，钱挣得再多，对我来说也没有意义，我是为了实现梦想。中国有无数的中小企业，只有它们起来了，中国才会起来。希望大家都来用用互联网和电子商务，不需要花太多的钱。当然，一点钱不花也是不行的，免费是最贵的。我们会告诉大家如何从外贸走向内贸，如何在B2B开店，如何实现C2C，这是我们的职责和使命。

不懂没关系，坚持自己的理想和想法才是最重要的。阿里巴巴和马云走到现在，犯的错误远远比取得的成绩多，我们不是从第一天起就这样的，而是一边倒霉一边走到现在的，因为我们真的不聪明。

我一直觉得，如果马云可以成功，中国80%的年轻人都可以成功；如果阿里巴巴可以走到现在，中国所有的企业都可以走到现在。走下去就会有运气，放弃了就没有了。

第4章

别人的经验并不重要*

* 2008年10月25日，在河南郑州青年创业大讲堂。

◇多花时间去听别人怎么失败的，不要花时间去听别人怎么成功的。

◇给创业者的五点建议：

1.不断反思自己为什么创业。

2.对钱要有正确的态度。

3.有激情。

4.明确使命感与价值观。

5.一个组织要有共同的目标。

◇“野狗”要杀，“小白兔”也要杀。

◇做企业，除了要有激情，还要有使命感、文化价值观，你的所有目标、制度都要按照价值观走，这样才能越做越强大。

追求梦想的实现

我是个创业者，很多人讲马云怎么成功，其实我现在最怕“成功”两个字，因为每次当我感觉成功的时候，麻烦就开始来了。我不怕失败，也不怕麻烦，因为我从1995年开始出来创业，一直到2000年以前，我几乎没有成功的经历。我想追求的不是成功，而是一种经历，一种创业的感觉。我希望自己以敢于面对失败和挫折的心态去创业，这样，越创业，我心里越踏实。我在机场看到很多写阿里巴巴、写我的书，但没有一本是我写的，我不知道别人写了些什么东西。我想说的是：假如马云能创业成功，那么中国80%的人都能创业成功，因为我是一个特别平凡的人。

很多人都是通过报纸、杂志来了解我的，其实，你们眼里看到的东西，未必是你们心里想看到的。有一天，我在杂志上看到一篇文章，说一个人特别厉害，我看了，也觉得这个人非常厉害，后来发现原来写的是我。其实，我肯定没有别人说的那么好，有些人也肯定不像别人说的那么坏。这么多年的创业经验告诉我，别人的经验并不重要，创业者追求的其实是梦想的实现。

我从来没有觉得自己特别聪明，2007年阿里巴巴上市以后，很多人说我是英雄。我真的不知道发生了什么事情，我没有做任何事情，股价就像发疯一样往上涨。当然，也可能是你没有做任何事情，股价就往下掉。我刚才讲了，如果马云能够成功，那80%的人都能成功。我没有什么靠山、背景和资源，一切都是普普通通、平平淡淡。

我读书时成绩没好过，考试从来没进过前三名。小学我大概念了七年，因为我们小学所有人去考重点中学，结果没有一个人考上，所以又复习了一年。一年后再去考，还是没有人考上。杭州人都知道，杭州历史上有一所天水中学，因为没有中学愿意接受我们这批学生，所以干脆把我们小学变成了中学，我们就被强制分配到了中学。

到了中学，我也没有读好书，反正再怎么努力，也就是十名左右。初中的时候，一件事情改变了我。有一次上地理课，老师跟我们说，他在西湖边上见到了很多老外，根据地图，他知道了他们来自哪个国家。听了以后，我觉得这个老师真厉害，能跟老外讲英文。从此，我就对英文产生了兴趣，不管天气如何，我每天一定会到西湖边上找老外练英文。我给他们做免费导游，带他们在西湖观光，让他们教我英文。九年来，我可能跟几千个老外交流过，把自行车都骑破了。这段经历带给我的最大的感触就是，老外眼中的中国和世界，跟我知道的中国和世界是完全不一样的，这让我很吃惊。1985年，我受一个朋友的邀请（我们曾互相写英文信）去了澳大利亚，我可能是中国第一个去澳大利亚打工或探亲的人。在去澳洲之前，我所受的教育是，中国人是世界上最幸福的，我们要解放全人类。这段经历使我对西方有了不同的认识。

最后比的是耐力

因为我从小学英文，所以今天世界各地的论坛，无论什么档次的，我都能听得懂，在这方面，我可能比绝大部分人有优势。所有想学好英文的人要记住一点：语言是用来交流的。我并不觉得在西湖边上学“山寨英文”有什么丢脸的，老外要是不服，就讲两句中文看看。

我在世界的各个论坛上讲自己的创业经验的时候，也是理直气壮的，我从来没觉得丢脸，因为我讲的是自己的东西，讲自己的东西的时候，心里是很踏实的。创业者必须有全球化的眼光，而语言是关键，学习语言是为了跟世界交流。

我高考数学曾考过一分，我觉得说实话没什么丢脸的。我在高一的时候还是数学课代表，上到高二，一个同学被别人欺负了，我就去跟人打架，最后学校把我处分了。没办法，我只好转校，直接进了高考复习班。因为没有上过高二，考数学的时候，我真的不会做，到最后半个小时就乱填，结果只考了一分。那一年高考，我差了16分，没考上大学，我就去找工作。我先去报考杭州警察学校，我们六个同学一起去的，结果五个被录取了，除了我。我又去报考服务员，我表弟和我一起去的，他长得非常帅，我们排了一上午的队，结果我表弟被录取了。

最后，通过关系，我去了我父亲的单位，在杂志社里给别人捆杂志，捆好之后，拿到火车站。我每天的工作就是打包、蹬车。我每天快快乐乐地工作，一点也没想过其他的事情，我觉得生活就应该是这样的，没什么不好。但是有一次，我看了一部路遥的小说——《人生》，里面的主人公想尽一切办法参加高考。我很有感触，心想：人家拼命想参加高考，我也应该再去考一次。所以那年年底，我又准备去高考。结果，那次考得很惨，大概差了140多分。我英文考得不错，其他的几乎没考，数学认真学了几个月，考了29分。我的第二次高考又以失败而告终，我不甘心，想再试一次，当时很多人反对。第三年，我白天蹬三轮车，晚上上夜校，特别辛苦。高考的时候，我第二天要考数学，头天晚上心里一点底儿也没有。我们老师跟我讲，马云，如果你数学考及格，我的名字就倒过来写！我想，虽然我考不及格，但考试还是要考的。好多题目我都是用公式去套的，考完之后，我感觉特别好。结果，那年我数学考了89分，教我数学的同学考了61分，大家都觉得很奇怪，说是不是考卷批错了。从那时候起，我明白了一个道理，临阵磨枪总比不磨好。

1992年，我在学校教英文，我们学校统考的通过率只有60%，考个三四十分，就够不错了。那年四级统考，我们创造了一个奇迹，所有学生都通过了。到今天为止，这个纪录还没有被打破过。我想告诉大家的是，人的潜力是巨大的，只是很多时候没有被发掘出来。通常情况下，不管你怎么跑，都跑不快，除非有老虎追你，你才能发挥出潜力，跑出最快的速度。在关键时刻，在压力和挑战下，请大家不要轻易放弃，世界上最大的失败就是放弃，放弃是很容易的。我这辈子最大的体会是，再困难，熬一熬也就过去了。2002年的时候，我提出我们公司的目标是赢利一块钱，我们的目的就是让自己活下来，所有人都倒下的时候，你还跪在地上，你就赢了。这是我的亲身经历。所以，今天碰到任何困难，我都会告诉自己，越是困难越要坚持，最后比的是耐力。

进了大学，我最大的优势就是英文，我的英文比绝大部分同学都好，甚至比老师还好，我的口语表达能力特别好。有一件事情，使我终身受益。大学里有一门英文发音的课，我觉得自己的英文发音很不错，自我感觉特别好，所以上课也不认真。结果那年，我只有一门课不及格，就是英文发音，考了59分。我知道我的英文发音并不差，就去系里找老师评理。老师说，反正你的英文就是不及格。

大学毕业的时候，我特别感谢那个老师。人太狂妄的话，就会停步不前。直到今天，同事跟我争论的时候，我总在提醒自己，我是不是以为自己已经很懂了，是不是认为自己知道的都是对的？大学里，还有一件事情对我的帮助很大，就是我担任了学生会的干部，这项工作对我今天的创业影响非常大。系主任跟我讲，马云，你可不可以担任英语系的学生会副主席？我说我没当过那么大的干部。当我决定要当学生会副主席以后，过了一个礼拜，系主任又说，你当正主席怎么样，我说那也好。过了几个月，又要我竞选全校学生会副主席，我说好。第二天，系主任找到我，说明天你当主席吧，于是我就当了杭州师范学院学生会主席。

其实我高考只考上了专科分数线，因为外语系男生少，他们就降分录取我了。到今天为止，我认为全世界最好的大学就是杭州师范学院，在那儿我特别自信，特别快乐。我觉得今天很多父母教育孩子的方式有问题，我有个亲戚，天天逼孩子好好读书。我问他，你自己读书怎么样？他说我高中都没毕业，我说那你凭什么要你的孩子天天学习。很多父母希望把孩子送到重点小学、重点中学去，我觉得让孩子在一个放松的环境中成长才是最重要的，我上的学校让我特别放松。虽然你毕业于一般的学校，但你不能妄自菲薄，要用欣赏的眼光看自己。有人说我丑，但我不觉得自己丑，只是有点怪，反正在世界上再找出一个长我这样的人挺难的。

当过团干部或学生会干部的人，对创业会怀有一种激情，没有条件，他们会去创造条件，而且会忘我地去做。我从1985年开始当学生会主席，1986年，我又当了杭州市学联主席。我从来没当过干部，但我觉得我当得还不错，因为我真是尽心尽力去做的。

失败的经历才最宝贵

人在重要时刻做的某个重要决定，往往会影响他一辈子。那时候，学校管毕业分配。杭州师范学院是专门培养中学老师的，我毕业那年，学校拿到一个去大学教书的名额。本来是另外一个同学拿到这个名额的，结果人家电子工学院要他的时候，有人说这个同学不能去，因为只有一个名额，我们要慎重一点。后来，学校考虑了一下，让我去。但对方不要，说这个人怎么看都不顺眼，他们认为我肯定有背景。我们校长就发脾气了，跟人家讲，反正就是这个人了，其他人不能去。我就去了，去了以后，发现人家那里都是教授，我特别被人看不起。我们校长要我在那个学校待五年，五年之内不许出来。我就跟他讲，好，五年之内我不出来。

但是，这个承诺太重了。那时候，我一个月工资才92块钱，每次想走的时候，我就跟自己说，再熬一熬吧。后来，深圳的一家公司要给我一份每个月1200块钱的工作，我说我不去。1993年、1994年，海南开始开放了，我的朋友全去海南了，其中有个朋友就是农夫山泉的老板。当年我蹬三轮车的时候，他做泥水匠，我们晚上都在复习。后来，他去《浙江日报》做了记者，又去海南创业，那时候去海南创业是一种热潮。但是，我不能去，因为五年时间没到。

那时候，我的师弟师妹们有一种期望——假如我能做好，以后去大学的机会就多了。所以，我就认认真真教书，认认真真工作，但我教书的风格又被学校批评，因为我不备课，而且喜欢坐在讲台上讲课。在教书的六年中，我总共写的字不超过六块黑板，我觉得一遍遍地写没有意义，又不是练书法。那时候，我的学生连续四年英文比赛的成绩都是最好的，被称为“马家军”。1994年，我被评为学生最喜欢的十大教师之一。我认为学生喜欢我的一个很重要的原因是我不布置作业，我觉得老师应该跟学生多沟通交流。直到今天为止，我的很多学生还在我的公司里工作，他们对很多东西都兴趣很大。所以，阿里巴巴能有今天，不是因为我厉害，而是因为他们的潜力非常大。

1994年年底，我突然被评为杭州电子工学院十大杰出教师，而且马上要当副教授，要分煤气，说不定还能分房子。在一切都越来越好的时候，五年的时间也到了，本来天天都想逃出去，现在反而不想离开学校了。所以，我每次放弃的时候，都是机会很好的时候。

那时候，我心里想，我要出去闯荡十年，十年以后再回去当老师，可能就是最好的老师。赚钱我真没想过，尽管今天我可能比绝大部分人有钱，调动的资源比很多人多，但那时候才是我人生中最快乐的时候。我的想法很简单，再努力两个月，就可以买上自行车了。今天，我没有这些想法了。所以，人在创业的过程中，是走得最踏实的。

多花点时间去听别人是怎么失败的，不要花时间去听别人是怎么成功的。阿里巴巴这家公司现在已经有11,000名员工，这么大的公司，我怎么去把握未来？最重要的就是要以使命感、以社会价值观为导向。我研究过那些一万人左右的失败的企业，它们失败的原因都是差不多的，就是没有把握好未来。

有人问我，你当时为什么放弃当老师（我那时候是杭州电子工学院最好的老师之一）？我说，我没有放弃当老师，到今天为止，我还是一个老师。老师的性格和脾气让我这个CEO跟其他CEO不太一样，其他CEO可能对钱比较感兴趣，而老师有个习惯，看到不对的地方，就要说出来。所以，到今天为止，我并没有放弃当老师。2000年，在北大的一次演讲中，我说我五年之后要回学校当老师。2005年，当我要离开公司的时候，董事会说，如果你真的要当老师，那我们是不是成立一所大学，让你去过过当老师的瘾。

孙正义说过，初恋是最美好的，但绝大多数人都把初恋忘掉了。失败的经历才是最宝贵的，成功的经历是瞎扯，大家在学习案例的时候，要学会自己思考。哈佛到我们公司来写案例，调查了七八天，说这就是阿里巴巴。我说我的公司不是这样的。我们争论了将近三个小时，最后我签了字，哈佛的第一个阿里巴巴案例就出来了。每次讲电子商务，大家一定会把阿里巴巴的案例拿出来对比。五年前的案例里的阿里巴巴肯定是要死掉的，但五年过去了，我们还好好地活着。

大象不一定能踩死蚂蚁

创业者必须有独特的眼光，要用自己的脑袋去思考。什么叫有远见？有远见就是你能看到一些别人没看到的东西，并且能够实施出来。如果你看见的都是别人看见的东西，那你是不可能成功的。所以，任何时候都要自己去思考，要经常反思自己。

1995年，我开始接触互联网。在西雅图的一栋楼里，我这辈子第一次碰电脑，那时候只有有钱的公司才有电脑，两万块钱一台。在一个很小的房间里，摆了七八台电脑，几个老外跟我说，这是互联网，你可以在上面搜任何东西。我说我不敢碰电脑，他们说你按一下键盘又没有关系，我就在搜索栏里打了一个词——啤酒。那时候的网速特别慢，半天才显示出信息。我又搜“中国”，但搜不到任何信息。我跟他们说，能不能做一个中国的网页放上去试试看。那时候，我在杭州刚刚组建了一家公司，叫作海博翻译社。他们就做了一个关于海博的网页，挂到网上去。我们是早上挂上去的，下午就有邮件来了。那时候我就觉得这个东西有点意思，如果我创业，说不定可以试试看。

回到中国以后，我请了24个朋友来开会，说我要做互联网。我给他们讲了两个小时，最后23个人都反对，只有一个人说你想干就干吧，干不好就赶快逃回来。我觉得中国的年轻人有一个通病，就是晚上想了千条路，第二天早上起来还是走原路。那时候中国还没有互联网，我到工商局登记注册，人家说不能注册，因为字典上没有互联网这个词。注册资金要五万块钱，我们就凑了五万块钱，两万块钱租了房子，基本上就没剩什么了。那时候做互联网真是太难了，人家觉得我们是骗子。今天很多企业界的朋友，我当年都去找过，说你就给我十万块钱，我的公司就可以做起来，但他们都拒绝了我。今天我碰到他们，他们都说那时候怎么那么傻，怎么没投你呢？其实，可能是因为那时候我也没说清楚。互联网将改变人类生活的方方面面，这句话其实是我编出来的，我当时说是比尔·盖茨说的，因为我说的话没人信。我已经向他道过好几次歉了。我讲的确实是真话，不是假话，只是没想到这种改变会来得那么快。

1995年，中国电信连入互联网，我是中国电信的第八个用户。为了证明我不是骗子，我把电视台的很多记者朋友请到我家里，让他们来观摩一下什么叫互联网。我用一台486电脑拨号上网，等了三个半小时，终于出现了第一个界面，我激动万分。

大象不一定能踩死蚂蚁，只要蚂蚁躲得好。虽然对手很强大，但他未必能赢你。那时候我们跟国企竞争，做得很不容易，但我们很顽强，没有被他们弄死。当然，我们也弄不死他们。最后双方坐下来谈判，他们把我们收编了。创业者永远不要被资本控制，我永远不会投资一个没有理想的团队。要尊重投资者，倾听投资者，但最后的决定一定要自己做。我在为阿里巴巴融资的时候，人家问我问题，我也会问人家问题，假如你愿意在我最困难的时候跟我一起熬，那我们可以谈谈。

投资者也是这样，你必须明白自己愿意坚守怎样的承诺，一定要反思自己。九年来，我永远会去倾听投资者。在股东会上，大家讲什么，我都会听，但最终的决定由我来做。 一定要懂得尊重别人、倾听别人，只有做到客观公正，你才会越做越好。而且，一定要说到做到。当然，上市以后，情况就不一样了，你可能会有几万个股东，不可能有那么多时间和他们交流。

后来，我去了外经贸部，在那儿干了13个月。我们做得非常成功，可能创造了无数个中国第一，但我和领导的观念发生了分歧。我认为应该帮助中小企业和民营企业，领导认为应该做大型国企；我认为应该帮企业创造价值，想办法帮人家赚钱，领导认为应该控制企业。我觉得领导的观点不一定是对的。一家企业，如果总想靠政府的政策来支持，肯定是走不远的。创业者一定要记住，能保护你的一定是你的客户，能让你的企业持久发展的一定是你的员工。客户第一，员工第二，股东第三。所以，我决定离开。

那时候，我是雅虎中国的第一任总裁候选人，但我觉得雅虎的模式未必适合中国。我相信中小企业，我相信电子商务，这是我的梦想，我不想放弃这个梦想。我跟和我一起去北京的六个年轻人说，我要回杭州创业，我可以推荐你们去雅虎，一个月至少一两万块钱，或者去其他公司也行，如果你们愿意跟我回家，我一个月付你们500块钱，我们一起干十个月，成功与否我不知道，如果失败，大家自己去找工作。这帮人只考虑了三分钟，就跟我说，我们回家去做。1999年2月21日，阿里巴巴在我家里诞生了。

阿里巴巴走到现在，从18个人发展到11,000个人，我们一直坚信一点：电子商务能帮助中国的中小企业成长。只有帮助你的客户成长了，帮助你的员工富起来了，你才能富起来。只有考虑到股东的利益，倾听他们，帮助他们，你的企业才能成功发展。全中国甚至全世界绝大部分的就业机会都是中小企业创造的，中小企业将影响未来的世界。

给创业者的五点建议

大家问我，阿里巴巴到今天还活着，并且发展得不错，原因是什么？我觉得没有什么秘诀。第一，不断反思自己当初为什么创业。今天，虽然我的公司已经这么大了，但我还是会不断反思当初为什么要创业，反思我应该做什么事情，不应该做什么事情。第二，我在哈佛讲过，我没有钱，我是靠两万块钱起家的，正因为没有钱，所以我对每一分钱都非常珍惜，养成了非常节约的习惯。你有几百万元的时候，你可以说自己很有钱；你有一亿元的时候，你可以说自己很有资本；当你有十几、二十几亿元的时候，对你来说，那就是资源。很多企业失败、倒霉，都是在有钱的时候。今天阿里巴巴拥有

160亿元的现金储备，我们每个月都是赢利。

第三，我有激情，我就是想做这件事情。对所有创业者来讲，懂不懂技术不重要，重要的是要有激情。不懂技术的人要学会尊重技术，你可以请世界上最懂技术的人来为你工作。直到今天为止，我都搞不清楚什么叫程序。正因为我不懂技术，心里没底儿，所以我请技术最好的人来阿里巴巴，我们合作得非常愉快。几年前，我是阿里巴巴所有产品的检测员。我只会用电脑上网和收发电子邮件，连DVD怎么放都不知道，为什么去当检测员？因为我觉得技术人员的责任就是帮助不懂技术的人把技术搞得更简单，我们的技术人员搞出来的产品，假如我不会用，我相信80%的人也不会用。很多土老板根本不会用电脑，怎么来阿里巴巴？所以，我们要把简单留给别人，把复杂留给自己。一切都要以客户为导向，我经常问我们的技术人员，你这个技术对社会有什么帮助，能帮助别人解决什么问题。

第四，我很少做计划，但我有明确的方向，这个方向是由我的使命感决定的。我们公司最重视企业文化，新员工不管来自哪里，都必须到杭州参加为期一个月的培训。做任何事情，引导我做出决策的永远是我的使命感，阿里巴巴的使命就是让天下没有难做的生意。我也有过迷茫，假如你是第二名、第三名，那你跟着第一名跑就可以了，但假如你已经是第一名了，哪里才是你的方向？是克林顿让我找到了方向。我问他怎么领导美国，他说，是人民决定美国到底要往哪里去的。世界上那些伟大的公司都有自己的使命，GE的使命是让天下亮起来，迪士尼的使命是让世界开心起来，所以他们永远不拍悲剧。任何公司，没有使命感，就没有凝聚力。梁山好汉个个都是高手，靠什么团结在一起？就是靠使命感——替天行道。

第五，共同的目标。作为一个组织的领导者，你必须让你的团队成员有共同的目标。如何检验一家公司的好与坏？找七八个员工，问问他们的目标是什么，如果每个人的回答都一样，就说明这家公司是有凝聚力的。我特别为阿里巴巴的员工感到骄傲，我们公司各种各样的人都有，因为我需要的是“动物园”，不是“农场”。但是，要把10,000多个员工团结在一起，确实是很难的，因为他们每个人都认为自己很聪明，是天下第一，尤其是现在的年轻人。怎样才能把他们团结起来呢？要靠价值观，来阿里巴巴的人必须认同和坚守我们的价值观。我们公司的考核标准是业绩占50%，文化占50%。业绩很好、价值观不行的人，我们称为“野狗”，一定要杀掉。还有一些人，文化特别好，特别善于帮助别人，但业绩不行，我们称为“小白兔”，也得杀。杀“小白兔”心里特别难受，因为他们都是好人，但你不杀，就永远不能治理好一家企业。所以，**做企业，除了要有激情，还要有使命感、文化价值观，你的所有目标、制度都要按照价值观走，这样才能越做越强大。**

第5章

从销售走向服务*

* 2007年12月11日，在“五年陈”（在阿里巴巴工作满5年的员工）大会上的讲话。

◇在互联网这个行业，一定会诞生伟大的公司。

◇电子商务在中国的发展还没有正式开始。

◇企业的成长要靠员工的成长。

◇我给阿里巴巴的定位是一家现代的服务业公司，我不希望每个人都是销售人员，我们做的是服务性行业。

◇给自己一个承诺非常重要。

◇我们不能小看自己。

102年不是一句口号

阿里巴巴走到现在，经历了很多坎坷，我非常感谢阿里巴巴的销售人员，是你们一点一滴的努力，使阿里巴巴有了今天这样的影响力。或许有些人大学一毕业就加入了我们公司，一做就是这么多年，我相信大家一定感到过疲惫，感到过厌烦，或许还遭到过家庭的埋怨，经受了很多诱惑，能坚持下来，而且做得这么好，真的很不容易。我看到有些人老了很多，也成熟了很多。你们是阿里巴巴最珍贵的脊梁，很多人看到你们还在我们公司，心里就有底气。我也是如此，如果我到各个办公室，看到的还是你们这些人的脸的话，我就知道，不管遇到什么困难，阿里巴巴都会扛过去的。

在阿里巴巴上市之前，我跟我们“五年陈”的员工有过一次交流。我跟他们说，感谢你们坚持了五年，你们挡住了很多诱惑。其实我觉得，绝大部分“五年陈”的员工留下来，不是因为有远见，那时候就看好B2B，就知道阿里巴巴会发展得这么好，而是因为绝大多数人都没有地方可去，阿里巴巴也不算太糟糕，就留下来了。那些自认为很聪明的人都离开了，自己创业去了，还有一些人被猎头公司挖去了。剩下的人默默无闻、脚踏实地地干，五年之后，我们突然发现阿里巴巴变成了一家成功的公司，个人不错，公司也不错。原因是什么？我们坚持下来了，挡住了很多诱惑。

公司取得今天的成绩，我觉得每个人都有功劳，但功劳都是过去的，我们离成功还太遥远。如果按照一些民营企业的土老板的想法，我们这些人都不用干了，换个工作，轻松一点，这一辈子都不用愁。就像20世纪七八十年代的万元户，家里养鱼养猪的，特有钱，女孩子都愿意嫁给这样的万元户。但是在今天，万元户已经不行了。乡镇企业的发展非常之快，到今天为止，乡镇企业中没有倒掉的只有鲁冠球的万向一家。我特别不希望阿里巴巴的老员工、老干部像当年的万元户一样，我不希望我们这些人熬了五年八年，一下子就没了。我们挣的钱，虽然现在来看不少，但从未来来看，根本不算什么。我们公司现在还在布局中，我们要做102年，这不是一句口号，我每天都在想那些百年企业具有的最重要的基因是什么。我们已经走了八年，还要走94年。全世界的电子商务才做了20年，如果我们也想做20年，光靠B2B是不行的，要把淘宝、支付宝都整合起来，把整个产业链都打通，才有可能走20年、30年。30年以后，我们可能会进入一个新的行业，比如生物科技或是月球探索。

今年，我们集团开了两次战略会议，确定了一个目标，虽然这个目标有点大，但我觉得实现的可能性很大。从公司的市值来看，我当时希望阿里巴巴成为中国第一家市值超过100亿美元的互联网公司，但没想到我们上市之前，腾讯和百度先做到了100亿美元。尽管我们是中国第一家市值超过200亿美元的民营公司，但我觉得这已经没有意义了。我们必须做到1000亿美元的市值，从100亿到1000亿，是一个大的台阶。中国诞生一家市值1000亿美元的民营企业，才是我们这辈子最大的梦想。这是很难做到的，如果真的做到了，我相信我们一辈子都会很高兴。

在美国很难做电子商务

其实，大家要注意一点，今天阿里巴巴的市值是200亿美元，实际上不止200亿美元，因为我们口袋里已经有货了。我们从零做到200亿美元的时候，难度是非常大的，既然我们能从零做到200亿美元，那么从200亿美元做到1000亿美元，就应该更有把握。所以我觉得，我们今天提出的目标更有可能实现。当我们真正做到的时候，我们每个人都应该为此感到骄傲，因为我们这家公司没有向银行贷款一分钱，没有拿政府一分钱，我们也没有请很多优秀的高才生，我们就是靠普普通通的每个人一点一滴地去做，凭本事去做。

我参加过全世界的很多论坛，人家说，现在全世界市值排名前十位的企业中，有三家是中国的，都是国有企业。他们不看好中国的企业，说国有企业是垄断的，交给傻子做都差不到哪里去。所以，我们要让中国诞生一家市值超过1000亿美元的民营企业，让全世界对我们肃然起敬，这是我们的目标。我希望我们能在五年以内实现这个目标，这样，我们就有可能创造一个奇迹。为什么我们有机会创造奇迹呢？因为我们处在一个很好的行业，**在互联网这个行业，一定会诞生伟大的公司。**虽然中国绝大部分的民营企业是制造业的公司，但中国不可能成为制造业大国，大家要承认这一点，因为我们国家缺乏能源，缺乏原材料，而且劳动力成本越来越高，环境污染越来越严重，这些因素都会阻碍中国制造业的发展。我认为，制造业的公司要进入世界五百强，成为市值超过1000亿美元的企业，难度是很大的，而互联网企业有这个机会。

在互联网行业，中国和美国、欧洲、日本几乎是在同一起跑线上。互联网行业有三大板块，一是新闻媒体，二是娱乐，三是电子商务。八年以前，我们决定去做电子商务。虽然今天阿里巴巴的市值已经达到了200多亿美元，但我想告诉大家，电子商务在中国的发展还没有正式开始，整个电子商务的环境还没有建立起来，20年以后，人类社会才会真正感觉到我们今天所做的东西。我相信，未来在电子商务领域，一定会诞生一家很优秀的企业。

应该说，我们是比较幸运的。如果是在美国，就很难做电子商务，为什么呢？因为美国的基础建设非常好，有很好的信用体系、支付体系和网络体系，每家中小企业都有很好的IT人才。而在中国，这些东西都没有，所以我们才有机会。我们建立了一个阿里巴巴的生态体系——建立了两个交易市场，一个是阿里巴巴B2B，一个是淘宝。如果我们运气好，做得不错的话，五年、十年之后，这些体系可能会成为全亚洲电子商务的基础体系，所有企业都会用我们的服务。到今天为止，已经有40万个网站在用我们的支付宝。

而且，我们比中国任何一家互联网公司都有钱，现在有160多亿元的现金储备。另外，中国互联网公司里从事电子商务的人才一共是12,000人，其中有8000人是阿里巴巴的，12,000个电子商务人才，我们占了8000个。钱我们有，人我们有，而且我们的布局也不错，从B2B、C2C到阿里软件，到阿里妈妈，我们的整个布局是中国做电子商务的公司中最好的。所以，我们是有机会的。

但是，有一样最关键的东西不能忘——组织的建设。七八年前大家加入阿里巴巴的时候，就算再大胆预想，可能也想不到我们今天能成为市值200亿美元的公司。我们公司到底值多少钱，阿里巴巴B2B到底值多少钱？我们千万不要认为我们今天的股票值三十几块钱，在我看来，我们的股票只值十三块五。为什么只值十三块五？做任何事情，都要有理性。在中国，比我们挣钱多、利润高的公司多得很， 腾讯就比我们收入高、利润高，用户群也多，凭什么它只有100亿美元的市值，而我们有200亿美元？人们对我们的期望值太高了，大家把中国经济的高速发展、互联网的高速发展、电子商务的高速发展的期望都寄托在我们身上了。

十三块五是一个真实的数字，超出的部分都是人们对我们的期望，是需要我们努力做出来的。跟五年前相比，我们现在有足够的钱，有足够的人才，我们的布局不错，全世界也开始关注我们，这是好事。坏事呢？你做任何事情，人家都认为你做得不够好，有这样的资源，还可以做得更好。五年前，你跟人家说你是阿里巴巴的员工，人家可能会往地上吐口痰；而今天，你说自己是阿里巴巴“五年陈”的员工，你拥有多少股票，人家看你的眼光就彻底不一样了。但是，你没变，你还是你。要我说，阿里巴巴今年跟去年有什么区别？没区别，今年我们的股票值200多亿美元，看起来很伟大的样子，其实去年也差不多。虽然我们今天是市值200多亿美元的公司，我们的股票值三十几块钱，但我们要很理性地知道自己值多少钱，我们还是昨天的我们。我们的责任更大了，以前我们只对两三个股东负责，现在光香港本地，就有19万股民买我们的股票。

我们的美国机构投资者总共有1300多家，其中有600多家从来没买过中国和亚洲的股票，他们为了我们来到亚洲，来买我们的股票，这是老外对中国人的信心，也是我们的责任。所以，千万不要觉得我们已经富裕了，也千万不要认为我们值200亿美元了，其实我们跟当年的万元户没有区别。

企业的成长要靠员工的成长

企业的成长要靠员工的成长。我在北京碰到几个老员工，当年阿里巴巴的老销售出去以后都是去当副总经理、总监。一个老员工出去以后做了四家公司，做一家死一家，到现在公司里只有三个人——他、他老婆，还有一个客户。创业真的是这样，100家公司，99家死掉，还有一家半死不活。阿里巴巴的运气太好了，前面我说过，我们成功是因为我们能干吗？大家看看周围，比我们能干的人有多少。你说你很勤奋，我们是很辛苦，但是比我们辛苦的人不知道有多少，很多人比我们更起早贪黑，他们什么也没有得到。

所以，我们的运气很好，我们有好的团队、好的文化、好的行业，所有东西凑在一起，就凑成了今天这个样子。千万别觉得自己能力强，我到今天都没觉得自己能力强，没有每个员工实实在在的努力，阿里巴巴是不会成功的。我今天说了，五年以后，我们这家公司要成为中国第一家打进世界五百强的市值超过1000亿美元的公司，不拿政府一分钱，实实在在地打进去的公司。这需要所有阿里巴巴的员工一起努力，正因为有大家的努力，我讲的很多话才能变成现实，今天一样，明天也一样，否则以后这种狂话我在外面也不讲了。

我们要认清阿里巴巴今天的市值是多少，我们真正的市值是80亿美元到100亿美元。我们不要因为股价的下跌而心里发慌，哪怕是跌到20块，跌到13块，都没有关系，因为我们看的不是半年一年，而是五年以后谁是英雄。五年以后谁牛，才是真牛。如果五年以后，我们的市值真的变成了1000多亿美元，那你就可以休息了，你可以对自己说、对公司说，我对得起自己，对得起公司，对得起公司给我的机会。今天做成这样，你还不能说对得起自己。包括我在内，任何一个人在这个集团里说我真辛苦，我是通过自己的努力赢得这么多财富的，这是胡扯。

我不相信就凭我们这点努力、这点聪明，可以取得今天这样的成功。我们碰到了很多机遇，在最困难的时候，我们刚好凑到了2000万美元，就熬过去了。后来又碰上雅虎被我们买过来，碰上eBay犯了一个大错误，才使得我们有了今天，绝对不是因为我们伟大。当然，我们也没有那么愚蠢，我们抓住了很多机会。但是，今后的机会，我们个个都能抓住吗？很难说。我认为《三国演义》中最伟大的人是赵云，据说他到了70多岁的时候，身上一处伤疤都没有，那才是不得了。

五年以前，没有人知道我们，我们是在水下面。今天，我们浮出水面了，所有的弓箭枪炮都对准了我们。我们遇到了很多困难，但我们都熬过来了。今后五年，我们会更精彩。等你到了50岁或60岁的时候，你对自己的孙子讲，你爷爷当年加入这家公司的时候，它只有一个小房间，现在它已经成为世界上非常强大的公司，这种骄傲的感受是完全不一样的。

丰田公司的伟大不在于领导者的伟大，而在于每个员工，每个老员工的伟大，每个老员工都捍卫自己公司的荣誉。大家想想，汽车行业被美国人垄断了多少年？丰田居然把美国所有的汽车公司都打败了，现在美国最厉害的汽车公司是丰田，欧洲最厉害的汽车公司也是丰田。我们阿里巴巴就缺一批这样的老员工，我们征战八年，很多人半路退出了，如果我们的老员工不能再往前进一步，不能再熬一两年的话，那我们公司就不可能成为伟大的公司。

这两年来，我有些愧疚，大家受委屈的时候，我没有来安慰大家。不过，话说回来，大家都这么大了，应该自己舔伤口。我受委屈的时候也是自己舔伤口，不知道跟谁讲。这三四年，我们做得还是不错的，阿里巴巴B2B、淘宝、支付宝都做得很好，整个布局也不错，但未来我们还有很长的路要走。

我们很多员工说要去创业，在我看来，你们这些人去创业真的很难，可能会全军覆没，因为你们没有这个机会了，年龄、眼光等各方面都不如年轻人。我们公司是幸运的，每次我们遇到倒霉的事情时，就会有好运气。如果你今天加入另外一家公司，我觉得你可能不会那么舒服，因为别人对阿里巴巴的人的期望是非常高的。为什么会对你产生很高的期望？因为你可能有很好的主管、很好的老板，阿里巴巴有很好的品牌。所以，如果你离开这家公司，可能就会遇到麻烦，就像你天天呼吸新鲜空气，突然到了毒气很多的地方，就麻烦了。

不提升，就不能带下面的兵

当然，有好的机会，大家可以走，每个人都有自己的职业规划，要养家糊口、养父母，这都很正常。但是，如果我是你们，我会求稳健、求发展、求成长，阿里的平台还是很不错的，最怕的就是头脑发热。当年有一家公司跟我们竞争，他们说，阿里巴巴的人过去，工资翻两倍。我觉得两倍低了一点，四倍可以去，我也去。大家要记住，天下没有哪个人会傻到白白出钱请你去，他给你四五倍的工资，对你的期望值也是四五倍，期望越高，失望越大。我们并不需要坐在那里不干活儿的人，我是老员工，我有军功，很多有军功的人都死得特别快，必须转型，必须提升。不转型，不提升，就不能带下面的兵。

你们是阿里巴巴最精英的前线销售人员，我并不希望大家回去以后跟下面的人说，同志们加油干，每个人的业绩必须翻一倍。毕竟是人，就算做死也不可能翻一倍。我希望大家做一件事情——传递文化，这才是你们需要做的。如果你们希望把自己的股票留给子孙后代，将来股价能几十倍、上百倍地增长，那你们就要传递文化，培养新人，让新员工去帮你们赚钱，因为他们有使不完的力气。你们要把以前的文化传递给他们，帮助他们成长，这样，你们也会成长得越来越快。

当然，我也知道我们这家公司存在很多问题。大家肯定觉得我们的反馈怎么那么差，如果反馈很好，这家公司就不存在了。今天的反馈数量跟五年前比多了很多，五年前没有反馈都卖得很好，因为五年前买家没有那么多。我可以跟大家讲，哪怕十年以后，反馈也不会像你们想象的那么好。反馈意味着什么？意味着订单，订单是利润，明年我们要完成任务，这中间本来就有很多偶然。我们公司不断往前走，从一年内只有一万个反馈到几十万个反馈，客户越多买家越多，买家越多卖家越多。所以，反馈好不好，关键在于跟谁比，是跟昨天比，还是跟同行比，或者是跟未来比。

把反馈做好需要一个过程，我们的网站要开放、要提升、要成长，相对其他公司来讲，我们公司今天有更多的资本和能力去做这件事，大家要相信公司一定会努力。但是，把反馈做好不是那么容易的，如果那么容易，还轮得到阿里巴巴吗？从10,000个增加到10,100个都是很艰难的，需要一点一滴地往前推进，需要五年、十年的磨炼过程。我们今天的这些客户反馈，是我们咬牙切齿坚持八年推进的结果，中间我们犯了很多错误，走了很多弯路。

但是，我们不想找理由，我的意思不是说我们的反馈就应该永远差下去，我们必须承担这样的责任，我们必须有信心和毅力坚持下去。三四年以前，我们的战略有些问题，有人担心直销发展下去会成为公司的负担，所以我们的战略变成维持直销，不多做直销，迅速向新的模式转型。今天我们发现，当时的决定是一个错误。我们的直销跟TCL的直销是完全不一样的，我们的销售人员更像是电子商务咨询师，我认为中国需要10万这样的人才。中国有多少企业？4000多万家企业，在中国的内贸电子商务市场，将来每家企业每个月在电子商务和IT商务上的投入至少是五万块钱，一定需要培养大量的直销人员。前几年我们在培训方面的投入不够，今天我们要调整过来，继续大力建设我们的铁军直销团队，培养优秀人才。但我们需要的不是纯粹的直销人员，而是电子商务咨询师，告诉别人怎么在网上促销，怎么在网上卖关键字，怎么在网站上做网页。

给自己一个承诺

另外，我们这两年也没有把很多的精力放在制度创新、奖励创新上，所以我们现在的套路确实需要调整一下。我们必须面对今天的形势，我们有很好的东西，也有很坏的东西。你们疲惫了，我也疲惫了，真的很累，但我希望大家能再往前挪动一步。伟大的人和不伟大的人的区别是什么？大家都要死的时候，你再往前挪一步，人家都倒下去了，你还站在那儿，你就是伟大的人。你们比绝大多数人都厉害和伟大，因为当时加入阿里巴巴的那么多人都放弃了，而你们没有放弃。既然不放弃，为什么不让自己往前走？在我们公司上市之前，我最担心的就是你们这些老员工，我理解你们，你们跟我一样，真的很累，但我希望这种累不要变成心理上的累、行为上的累。

很多人看着你们，如果有人说这个老员工每天不干活儿，还占着位置不肯走，当这种情况出现的时候，公司的灾难就来了。如果你们真的觉得自己没有动力，那就像普通人一样，当个万元户，过过日子。红军当年过草地，很多人是饿死的，还有很多人坚持不下去了，就娶个老婆在当地过了。所以，你们也一样，一旦掉队，就再也跟不上了。今天，我们回过头去看看当年离开的那些员工，他们跟你们有很大的区别，这种区别不是钱多少的区别，而是对文化的认同、对团队的认同的区别。我感谢大家前面几年所做的努力，后面的路更长，如果你们相信公司、相信自己，我们在一起再奋斗五年，看看可不可以做出一家伟大的公司。五年以后，如果大家想离开，跟我讲，我一定会让你们舒舒服服地离开。

我给阿里巴巴的定位是一家现代的服务业公司，我不希望每个员工都是销售人员，我们做的是服务性行业。丰田没有把自己定位为制造业，而是定位为服务业，每个员工为自己的公司、为自己的客户服务。也许你们今天的动力和激情不如五年前了，但是有两样东西，你们现在比五年前更行。一是对现有客户和潜在客户的服务，你们比谁都懂，你们会用心去服务。二是对新员工的帮助，只有新员工成长了，公司才能成长。当你们把自己的功力传给别人的时候，你们的功力就增强了。很多行业没有大师，销售大师实际上只是推销员，只能称为专家，而服务业是有大师的。六七年前，你们不断交流销售经验；今天，你们要从销售走向服务，服务好客户才是最重要的。

给自己一个承诺非常重要。大学毕业的时候，我答应我的校长在学校教五年书，结果我教了六年半。今天，我们不是为了钱，不是为了名，不是为了利，我们就是想做一件事情，这是对社会、对团队、对所有阿里巴巴的员工、对父母的承诺，也是对自己的承诺。给自己一个五年的承诺，承诺再干五年。我相信，如果五年之后你们真的离开这家公司，你们的功力一定会更强，而不会更弱，因为在中国，像我们这样的公司真的不多，你们会经历很多。五六年以前是肉搏战，今天是军团作战，未来五年公司将面临的挑战和你们每个人将面临的挑战，跟五年前是完全不一样的。

从销售走向服务，又是一种新的经历。千万记住，**我们不能小看自己。**我们已经熬了五年了，咬牙切齿再熬五年，我们就会不一样，因为伟大是熬出来的。我希望大家给自己一个承诺，我也给自己一个承诺，让我们忘掉股价，继续往前走、往前看，做出中国第一家市值超过1000亿美元的民营企业。

第6章 建立自我，追求忘我*

* 2007年8月27日，阿里巴巴内部管理者培训“湖畔学院”讲话。

◇拥抱变化的核心点是做正确的事情。

◇拥抱变化和永不放弃是阿里巴巴最伟大的精神。

◇速度是互联网存在的前提。

◇阿里巴巴活下来的原因就是不断变化自己。

◇领导者、成功者都是善于改变自己去适应环境的。

◇我们的困难之处在于，我们没有人可以模仿，没有人可以拷贝，没有人可以教我们怎么做。

◇战略永远是重要而不紧急的事情。

◇伟大的人一定是很平凡的。

◇我们并不聪明，但是我们比人家执着。

◇人只有有个性，才是有魅力的。

◇我们只有把自己放低，将来才能跳得更高！

做正确的事

我觉得我们都是普通人，但我们这些普通人聚集在一起，做一件不普通的事情。阿里巴巴的团队文化里有一句话——我们是平凡的人，在一起做一件不平凡的事情。我们可以把别人当成精英团队，把百度、谷歌当成精英团队，但我们是平凡的团队，我们要做不平凡的事情。

面对变化，做正确的事情是极其关键的。当年，我不认为亚马逊的B2C是有前景的，现在还是这样认为。当然，现在的亚马逊在不断变化。为了了解亚马逊，我们还请来了亚马逊的首席科学家。

阿里巴巴的18个人在湖畔花园创业，有一段时间，我们的矛盾特别多。我告诉大家，有时候吵架也是一种缘分，因为三年五年以后，可能想吵架都没有时间、没有机会了。大家各奔东西，各管各的公司，各管各的部门，一年里见一次面都不容易。现在，我们18个创业者只有过年的时候才能坐在一起吃一顿饭，吃饭的时候，大家都在那儿畅所欲言。我希望今天也要畅所欲言，你有想法就说出来，只有把观点抛出来，才能形成正确的意见。

我们是一个团队，大家要互相开放、互相沟通，能在同一家公司里工作是很大的缘分。每个人的性格不一样，你可以不喜欢一个人，可以不和他成为很好的朋友，但你们可以成为很好的同事。我们公司的很多员工没有和别人成为朋友，因为性格不一样，但是这个团队里，大家是很好的同事。话说回来，老公、老婆之间还有很多看对方不舒服的地方，所以大家在一起要多沟通、多交流。

和国内其他CEO相比，我跑得更多、想得更多，我到处去参加论坛，去听别人讲怎么做事做人。有的企业派干部出去学习，一拨人去中欧商学院，一拨人去长江商学院，还有一拨人去哈佛，我是不赞同这种做法的。只有达到一定功力的人，才懂得怎么去听课，才可以消化和吸收课堂所学。总监以下的员工，不要让他们去学习，因为他们往往达不到这个功力。

拥抱变化和永不放弃

在阿里巴巴的价值观里，有一样最精髓的东西，就是“拥抱变化”。**拥抱变化和永不放弃是阿里巴巴最伟大的精神。**

很多人去创业，是因为想发财、想赚钱。我们去创业，是为了证明自己是对的，我们想证明自己可以通过互联网帮助很多人获得财富。互联网将改变人类生活的方方面面，这句话其实是我说的，但当时没有人理我，所以我改成了是比尔·盖茨说的。从1994年、1995年开始，我们执着地走上了这条路，我们就是要通过互联网帮助中小企业，帮助创业者，帮助弱势群体。

一路走来，走到今天，我们发现：第一，互联网确实改变了人类的生活；第二，我们一直坚持为中小企业服务；第三，正因为坚持为中小企业服务，才有了今天的阿里巴巴。所以，我们不能忘了中小企业，或者说，我们不能因为富了，就忘了中小企业。我们还是要坚持为中小企业服务。全世界的中小企业大会，一般我都愿意去，阿里巴巴人应该和大家交流、分享经验和心得，这是我们的使命。

很多人说，加入阿里巴巴三个月，就会感觉老得特别快。确实，我们阿里巴巴人这八年过了很多人20年、30年过的日子，我们是从高压锅里蒸出来的，这是很难受的。

很多传统行业的人看不起互联网行业，认为互联网是虚的，我可以告诉大家，三四年的互联网企业绝对比得上八年、十年的传统行业的企业。大家进入阿里巴巴，超越普通人的生活才刚刚开始，我们一定要有这样的预期，一定要开心。

我们确实很忙很累。我本来计划休假四天，结果两天就回来了，因为即使在休假，脑子也根本停不下来。我不是为了钱而这么努力，如果是为了钱，我根本不需要这样辛苦。

回想起来，当年我一个月的工资只有八九十块钱，但那时候的我是最快乐的，就想攒钱买一件自己一直想买的东西。我做事情不是为了钱，不是为了名。对我来说，名越大，麻烦越多，现在去酒吧跟人家搭讪都没有机会了，这是很残酷的。

有一件事情，是我这辈子永远想做的。我们这代人有一个很好的机会，我们可以改变整个世界，并正确影响世界。我们可以创造一家非常有意思、非常伟大的公司。

最让人感到后悔的是什么？在你快死的时候，你发现自己本来可以做一件事情，结果没有做，比如你本来可以娶一个女人，结果没有娶，这是最让人后悔的。以阿里巴巴今天的布局和拥有的资源来说，我们是最有机会成为一家像微软、GE、沃尔玛这样能影响世界的公司的。

一家公司没有20年、30年的磨炼，没有经历从地狱中爬起来的洗礼，不能称为伟大。到现在为止，谷歌一路都走得比较顺利，阿里巴巴也一样。我希望我们这家公司在我这届董事长的带领下能够做好。

尽管阿里巴巴现在名声在外，影响不小，但我们仍然是一家很弱小的公司。这两年，班子搭起来了，但内部的制度还不完善。我们在2001年第一次搞“延安整风运动”，从思想上解决互联网到底能走多久、怎样走下去，以及什么是我们共同的目标等问题，形成统一认识。今天又该做这件事了，我们要进行第二次整顿，让大家统一思想。

我们现在势头正猛，阿里巴巴B2B准备上市，淘宝、支付宝都不错，雅虎也恢复过来了，现在又有了阿里软件、阿里妈妈。但问题往往就出在这里，很小心的时候不会出问题，形势大好的时候最容易出问题。这个时候，我们的高管们一定要坐下来认真统一思想，再度明确我们要去哪里。假如我们的价值观不统一，目标不统一，使命感不统一，我们又会陷入2001年的局面。

阿里巴巴在八年内迅速打天下，做到今天这样的规模。在五年、十年内，速度是互联网企业存在的前提，没有速度，一定是不行的。因为发展得太快，所以大家会看到公司有很多漏洞，但我们有时间去补漏洞。

世界上速度很快的公司，未必都做得很好，还要把握好度，才能真正成功。很多公司看问题太绝对，要么是这样，要么是那样，一刀切，这样是不行的。

不断变化自己

一个团队的抗击打能力是极其重要的，阿里巴巴的价值观讲拥抱变化，关键在于拥抱，而不是变化。我们有一样东西是永远不会变的，就是使命，帮助全世界、全中国的中小企业，帮助创业者，帮助弱小的群体成长是我们的使命。我们要让天下没有难做的生意，我们主要的客户群是中小企业，主要的目标是创业者。

在使命不变的情况下，竞争环境在变，对手在变，市场在变，我们的人才配置在变，我们的资金在变，如果我们的战术不变的话，肯定会死。所以，我们必须思考，拥抱变化和永不变化如何才能配合好。

很多公司的增长速度非常快，比如当年史玉柱的巨人，一夜之间就起来了，但他没有把握好，没有建立良好的流程体系，结果巨人一下子就倒掉了。

我儿子现在才十四五岁，已经长到一米七八了，但他的脑子只有十四岁。如果你认为一米七八的人，脑子也是一米七八的脑子，那你就错了。阿里巴巴才八年，我们这八年的影响力绝对超过传统行业30年的影响力，但我们的制度体系还不完善，我们的成熟度其实仍然相当于八年的公司，甚至很多时候比八年的公司还不如。如果我们认为自己能打天下，我们完美无缺了，那就惨了。

即使有良好的制度体系，也不一定意味着这家公司可以成功。国有企业的制度是最完善的，那么厚一本制度手册，但没有用，照样死掉。制度是约束自己的，没有制度不行，制度太多也不行，要在动态中把握好度。我希望加入阿里巴巴的人要明白一个道理，这八年来，阿里巴巴能活下来的原因就是不断变化自己。

我早年还创建过一家公司，就是海博翻译社，这是我用2500块钱做的一家公司，目的是帮助一帮老教授，还有很多找翻译的客户。那时候老教授一个月的工资才100多块钱，而很多人找翻译，我就做了这样一个平台。海博翻译社现在还在，而且还是有盈利的，我把盈利的钱捐出去了。我第一天做翻译社的时候，说想把它做成浙江最大的翻译社，后来确实是最大的。有一个教授，就是当年我的校长跟说我，马云，我发现你有一样东西永远不会变化，如果你想做一件事情，你会一直朝那个方向走。我心里的主轴线是没有变化的。

一家企业在发展过程中，可能战略、战术会有变化，但有一样东西不能变化，就是使命。我们一直坚信互联网会影响世界的方方面面，阿里巴巴要成为一家世界级的互联网企业。

我们是一家年轻的企业，我们才八岁，刚刚进入小学，离102年还有94年的路要走，我们的制度不够完善，福利也不够完善。很多人希望公司给自己配司机、配秘书，我说对不起，我们没有，我也不知道我们该不该有。

当然，阿里巴巴的CEO是有司机的，我很感谢公司，因为我自己的开车技术不好。我不希望跟公司的其他高管坐同一架飞机，如果我们几个人一下子都没了，不说公司会倒，至少会给公司带来非常大的损失。这是我们的责任。

办公室政治，很多国有企业都有。我为什么提到办公室政治？我从来不花时间去看别的公司是怎么成功的，但我经常花时间去看别的公司是怎么失败的。我看到太多的公司因为车而出问题，或者因为秘书而出问题。比如一家公司，接这个副总裁用宝马，接那个副总裁用奥迪，就算副总裁自己没有感觉，下面的秘书也会有感觉，我的老板怎么就低一等？再比如，如果一家公司的高管跟某个女秘书有乱七八糟的事情，下面的人马上就会开始议论，即便你开掉这个高管，也挽回不了局面了，问题已经出了。所以，一定要防患未然，我们公司不会出这样的问题，因为我们制定了相应的预防政策。

大部分人总认为自己很聪明，我这么聪明，怎么会犯错误？我告诉你，99%的错误是每个人都会犯的，只不过你没有走到这个门口，走到这个门口，一定会犯。

我们现在一共有五家公司——阿里巴巴、淘宝、支付宝、雅虎、阿里软件，我每天给它们望闻问切，看哪些地方是癌症，哪些地方是很小的病，不用治。有些小问题，如果不注意，就会引发大灾难。身上长了一个红斑，虽然不痛不痒，但你得注意是什么原因导致的。CEO不仅要看到这头，还要看到那头，假如你判断失误，这个东西不会变成癌症还好，一旦变成癌症，灾难就大了。

是你的团队能干

我想告诉大家，虽然阿里巴巴是一家制度不完善的公司，但我相信我们一定有很多出色的、好的东西，如果没有好的东西，我们不可能走到今天。阿里巴巴经历八年的磨难，百折不挠，一定有很多独特的东西。

对于企业来说，新人带来了新的思想，怎样适应新思想的冲击？关键在于你是不是能拥抱新的文化。拿阿里巴巴来说，第一，我们从十几个人发展到今天的7000个人，我们一定会拥抱新的文化，如果不拥抱，我们今天还是十几个人，我们已经拥抱了将近7000人。

第二，阿里巴巴的土壤不是沙漠，我们的土壤中已经长出了各种各样的树，很多都是从外面移植进来的。外面的人进来以后，要去适应这块土壤，而不能让这块土壤去适应他。能干的人到美国以后往往会成为出色的人，因为他会想尽一切办法改变自己，去适应美国的土壤。领导者、成功者都是善于改变自己去适应环境的，就像生存能力强的动物能很好地适应环境一样。

在宣布阿里巴巴B2B要上市的第二天下午，我们召开了阿里巴巴"五年陈"员工大会。这些员工，绝大部分身家都上百万、上千万元。我跟他们说，我们这帮人，怎么看都不像那么有钱的，千万不要认为自己是阿里巴巴"五年陈"的员工，就了不得了。

阿里巴巴创立的时候，大街上只要走路不太瘸的人，几乎都被我们招进来了。今天新进来的人一定比他们聪明，比他们能干，比他们勤奋。而且，这五年留下来，不是因为他们厉害，而是因为他们没有地方可去。能干的人被猎头公司挖去了，聪明的人自己干去了，只有傻的人留在公司，结果傻的人都成功了，而被猎头挖去的或者自己创业的，我今天怎么找都找不到一个成功的。

有人加入了我们的竞争对手的公司，后来又想回阿里巴巴，我想我是不会让他回来的。也许我有些自私，他在我们最痛苦的时候加入竞争者的公司，跟我们打，最后我们赢了，他说对不起，我想回来。即使别人可以原谅你，你自己也不能原谅自己，有些错误是不能犯的。

所以，绝大部分在阿里巴巴干了五年到八年的人，不是因为能干，不是因为聪明，也不一定是因为真的厉害。我们只是相信这个团队，我们认为电子商务这件事情可以做，所以就坚持做下去，熬了五六年。

大家不要觉得电子商务已经做得差不多了，据我判断，电子商务至少还能做20年的时间，五年以后才是中国电子商务的辉煌时期。

领导要善于沟通，要把真实的东西告诉员工。你找员工谈话，先表扬一下，再批评，一看他不是很高兴，你又表扬一下，他出去以后，不知道你是表扬还是批评。下次你还是这样，结果两个人火气越来越大，形成恶性循环。

其实不是因为我厉害，而是因为阿里巴巴给我戴了光环，阿里巴巴的业绩、阿里巴巴的团队使得我出去讲话人家会听。我们一定要懂这个道理，说你能干，不是你真的能干，而是你的团队，你以前的团队、今天的团队能干。

武功高强的人都深藏不露，一旦暴露，人家就会防你。等人家防你，知道你很聪明、很厉害的时候，你的武功基本上就没用了。

用欣赏的眼光看别人

领导者要谦虚，要懂得尊重别人，用欣赏的眼光看别人。克林顿真的是一个很有魅力的人，一个总统，讲话这么朴实。其实，他最有魅力的一招儿不是他的语言，而是他跟人讲话的时候，不管对方是谁，他的眼睛都注视着对方，让人感觉这么高高在上的人，却这么平凡。

领导者要体现出自己的价值，你要让你的团队感受到来自你的强大支持。绝大部分人对现状都是不满意的，当你真正要改革的时候，提出意见的一定是他们，而且身体力行地支持改革的也一定是他们。

领导者要不断地提升自己、改进自己。阿里巴巴的老员工是我的合伙人，他们自我提升的成功，是公司最重要的成功。我们必须知道自己从哪里来、想干吗。我们这块土壤，不管是盐、是碱还是酸，我们都要适应它，彻底地适应它。等到你适应的时候，你有的是上升机会。

我很少从业内请人过来当管理层，今天中国真正懂得互联网的人没几个。你可以说新浪这么做、搜狐这么做、网易这么做，但它们已经成为过去时了。阿里巴巴是一只与众不同的动物，它不是马，它是一只老虎。搞互联网需要一定的技术，有意思的是，我可能是中国唯一不懂技术却活下来的人。我没有骑过马，没有骑马的技术，被扔到老虎背上，居然骑着老虎活了下来。

大家看张朝阳、丁磊、马化腾这些人，基本上都是互联网专业人士，都是技术人员出身，创业很成功。当初做互联网的，十个人里有八九个失败，都是技术人员，活下来的就这么一小撮。我是这十个人里唯一不懂互联网却创业成功的。

我跟阿里巴巴的人讲，不管你们从哪里来，你们都要把以前的从业经验忘掉，把以前的东西尽量忘掉。学过MBA的人，只有忘掉MBA的一切，才能成为真正的高手。我听有的员工说，以前我们公司是这么做的。别跟我讲以前你们公司是这样的，别说MBA案例是这么说的，我就不要这么做。要成为优秀的公司、优秀的领导者，就要忘掉自己的强项。如果你天天记得以前的事情，那你是不会创新的。你把以前的经验搬到这里来，甚至拿做传统行业的经验来做互联网，失败的结果是可以预见的。做人做事都一样。

我们的困难之处在于，我们没有人可以模仿，没有人可以拷贝，没有人可以教我们怎么做。谁能够帮你？你的团队、你的客户能够帮你。

互联网是一个生态链，绝对不可能只有几个超级大网站。就像海洋里不可能只有几条鲸鱼、鲨鱼，而没有大量的虾米。如果没有小鱼小虾，鲸鱼、鲨鱼都会死掉。如果无数的中小型网站、博客、论坛不能活下来，那大网站也会死掉。阿里巴巴必须建立生态链，我们必须为将来的生存环境而发展。只有为建立这些环境而做事情，才能做强做大。

眼光、胸怀和实力

阿里巴巴要感谢中小型网站，没有中小型网站，几个大网站一封杀，淘宝就没了。至于做这些事情赚不赚钱，我们不要去考虑，今天的阿里巴巴有能力去做一些战略性的事情。战略永远是重要而不紧急的事情，生态环境是既重要又紧急的事情。

我希望我们所有的高管要用欣赏的眼光去看我们这家公司，去看我们这些人。我们这些人还是能做出一些东西的，要让自己融进这个团队。那些自以为聪明、能干的人，都半途而废了。你们这些人是聪明，但我见过更聪明的。2002年，我在香港见的那些人不得了，讲战略、做技术，个个能干，没人看得起杭州团队，觉得杭州团队太土了。杭州团队什么文凭？本科生，我还是个大专生。他们都是博士，很多人是跨国公司的副总裁，听起来很可怕。

其实，伟大的人跟平凡的人是没有区别的，因为平凡和伟大是联系在一起的。**伟大的人一定是很平凡的。**如果你能想清楚这个道理，我觉得你就学会了怎样做人。

很多人认为阿里巴巴的人怎么那么厉害，我不认为阿里巴巴有伟大的人，至少马云肯定不伟大。今天，好的是我的功劳，坏的也是我的错误，其实好的可能跟我没有关系，坏的可能也跟我没有关系。我并不伟大，我也是很普通的人，如果马云是一个伟大的人，那这家公司就废了。

有一点我要感谢大家，因为你们的努力，我才可以想别人不敢想的东西。如果没有淘宝、阿里巴巴、雅虎、支付宝的基础，阿里妈妈会成长得这么快吗？很多人有想法，但没有现实基础，所以做不出来。我们刚好既有想法，又有现实条件，两者结合在一起，就做成了。

阿里巴巴从CEO到所有员工，都是普通人。我们并不聪明，但我们比别人执着，我们不愿意放弃，特别是那些从美国回来的人，我们一直在学习。

我在公司内部开玩笑说：B2B是初中生，淘宝是高中生，支付宝是本科生，雅虎是留学生。留学生回国后，一旦适应了国内的土壤，那是很可怕的。今天，我们和国外回来的人真的像兄弟一样，我们适应他们，他们也适应我们。我们能活下来，一定有自己的独到之处。西方的公司，比如IBM，做得这么大，也一定有自己的独到之处。在两种文化相互撞击的过程中，谁放弃了，谁就是失败者。我们阿里巴巴人，没有办法放弃。

我们跟eBay较量的时候，eBay失败了，还可以撤出中国，阿里巴巴要是失败了，能撤到哪儿去？我们无路可退！这是我们能打赢的一个很重要的原因。淘宝要是失败了，我们就没脸出去了。雅虎中国也要做好，因为现在我们属于同一个集团了。你总不能说把雅虎再卖回去吧，要是能卖回去，我2006年就卖回去了。

我们今天做任何事情，背负的都是整个集团的荣誉。eBay要18个月把淘宝灭了，我们就活19个月，我们坚持下来。欧美等发达国家的企业有着比较完善的制度体系和治理机制，而中国虽然资本主义萌芽很早，但真正开始公司运作是在改革开放以后，超过二十几年的企业很少。所以，我们没有成熟的套路可循，只能按照自己的设想，根据自己对形势的判断来做出决策。

留学生到阿里巴巴来以后，可能会觉得，沃尔玛是这样的，IBM是这样的，为什么你们不是这样的？我们就不是这样的。我希望我们有一天能成为沃尔玛、微软、IBM、GE这样的公司。你要成为它们，首先要了解它们。我们对GE可以说是非常了解，中国的很多制造业企业对GE的了解，绝对没有我们透彻。我觉得，今天中国对西方的了解，远远超过西方对中国的了解。今天在伦敦的中国留学生有五万多名，大家可以看看英国在中国的留学生加起来有多少。

很多中国留学生，在国内读书读得很好，但他们对中国并不是很了解。到了国外，去读书、去工作，也融入不到西方的核心体系中。他们对中国没有了解得很清楚，对西方也没有了解得很清楚，都在外围。他们享受了好的东西，但不明白怎么创建这些好的东西。

IBM、微软、GE之所以有今天，是因为有几代人的努力，而今天中国的企业才经历了一两代人。放眼全世界，领导者成功的因素无非就三点：眼光、胸怀和实力。

当年我教书的大学有五个副院长、一个正院长。学校分房子，其他副院长都在抢，只有那个最年轻的副院长不去抢。我说，那么好的房子，105平方米，你为什么不去抢？他说我今年才43岁，他们这帮人都五十几岁了，他们认为这是最后一班车了，而我认为自己刚刚开始。这就是眼光。后来，他当上了厅长，又当上了副省长。

打个比方说，你家的房子是你们村里最高的，你觉得自己很牛。后来你跑到上海一看，原来上海的房子这么高，再到纽约一看，估计你会晕过去。你没有见过大企业，没有见过真正的创业者、真正的领导者，就不知道自己的差距有多大。

眼光不大的人，永远做不大。眼光大的人，胸怀才会大。胸膛里要装得下任何人，什么人都可以用。公司里要有各种各样的人才，各种性格和脾气的人都要有，这才是一家优秀的、有文化的公司。如果公司里所有的人都是一样的，那就麻烦了。动物园里有各种各样的动物，才会有人去看。如果都是一样的动物，都是牛或者都是马，那就是养殖场，我们不需要养殖场。

而且，作为领导者，你的技能一定是不如你的手下的。如果你的技能比你的手下强，那你一定不是好的领导者。工程师靠技术吃饭，比尔·盖茨的技术比他下面的工程师的技术还高？不可能。泰森的拳头硬还是他教练的拳头硬？估计泰森一拳就能把他的教练打飞出去。乔丹的教练根本不会打球。领导者要有独特的技能，要有其他人没有的技能。

另外，有能力的人一般都有点古怪，有点偏执。这些古怪的人如果不能把心胸打开，就永远不能成为真正伟大的领导者。再有，领导者要有很强的抗击打能力。领导的抗击打能力强，勇于承担责任，大家才愿意跟着他干。

我希望阿里巴巴的领导者都是有眼光、胸怀和实力的人。历史上，周瑜是个典型的有眼光没胸怀的人，他不是被诸葛亮气死的，是被自己气死的。有时候，你们可能对下面的员工很生气，认为他们都是饭桶。我今天告诉大家，就算阿里巴巴给你的是饭桶，你也要把他们变成不是饭桶。三年以后，如果这帮人还是饭桶，那你也是饭桶，因为你没能把他们变成优秀的人。

我们永远觉得成功是因为员工和团队，失败是因为我们自己。这个文化在阿里巴巴已经根深蒂固，这是我们的信仰。站在未来来看，我今天讲的也许是错误的，但我仍然坚持我的信仰。我们不是完美的人，我们是有个性的人。

先把自己忘掉

王安石当年变法，所有人都骂他。从今天来看，他的变法对北宋是有利的。我们今天的任何想法，都要放在五年、八年以后来评判对错，只有这样，你才能看得远一点。公司就怕没有主心骨，一会儿东一会儿西，一会儿上一会儿下。这不是在拥抱变化，拥抱变化要有一个主旋律，那就是使命不变、价值观不变。

李嘉诚讲过一句话：建立自我、追求忘我。在做任何事情之前，我们要把自己忘掉，只有忘我，才能建立自我。对照这八个字，我觉得自己做得还可以。建立自我，反正别人说我好也好，说我坏也好，我就是这么一个人；追求忘我，不管别人是骂我还是表扬我，我都觉得阿里巴巴这个名字属于阿里巴巴，不属于我。财富、名誉、地位、权力，有了这些又如何？我都活了半辈子了，下半辈子要享受生活，做自己喜欢的事。做我喜欢的事，就是做对中小企业的成长、互联网生态链的完善有利的事。

蔡崇信跟我讲过，今天阿里巴巴最大的骄傲是什么？很多人说是阿里巴巴成功了，阿里巴巴上市了，马云成为中国首富、亚洲首富了。其实，这些并不是我们的骄傲。真正让我们骄傲的是，我们让几千个人成为百万富翁，让几十万的企业赚到了钱，让上百万的创业者获得了成功。

人在这个世界上活的时间其实是很短的。我希望所有跟着我们的人，不要为我工作，不要认为：马云，你太厉害了，你太聪明了，我跟你工作。这样的话，你一定会失望的。我也不需要大家为我工作，我们聚在一起，是为了共同的使命：让天下没有难做的生意，让阿里巴巴成为世界十大网站之一，成为世界三强互联网公司之一，成为世界五百强之一，成为世界最佳雇主之一。这是我们的共同目标，我们要为这个目标去努力工作，这才是让我感到开心的事情。人不应该为老板工作，而应该为自己的目标工作。我们几千人在一起，为了同一个目标、同一个使命而工作。只有大家一起维护我们的价值观，公司才能做好。这不是理论套话，很多人觉得阿里巴巴讲价值观、讲使命感比较虚，我可以告诉大家，只要我马云在一天，这就是一个信条。任何人违背我们共同的目标和价值观，我都绝对不能容忍，其他的错误我都可以容忍。讲得严重一点，我们要为价值观、使命感而战，哪怕错了，也在所不惜。有人跟我讲，我们要成为世界三大互联网公司之一的目标是不可能实现的，电子商务在美国可以发展起来，是因为美国的整个物流、诚信、支付体系已经很完善了，只有在完善的体系基础上，电子商务才能做得起来。但我认为，正因为中国的整个基础体系不够完善，电子商务才会有更大的发展空间。

支付宝建立了一个支付市场，它有可能会成为世界支付工具里的三强。八年前，我讲过这个话，我说如果我们做得不错的话、运气好的话，阿里巴巴会成为最好的B2B公司，十年以内，阿里巴巴很有可能成为世界上最大的互联网公司。我们一定会超过美国的B2B公司，就像现在的中国移动，当初谁也不会相信，它今天能超过美国的AT&T，成为全世界最大的通信公司。当初，中国移动连BP机都搞不好，现在弄无线怎么能超过AT&T？事实上，今天就是超过了。今天的互联网时代，在中国这片土地上，一定会出现很大的奇迹，一定会有超越榜样的机会。

没有那批阿里巴巴的老员工，就不会有今天的阿里巴巴。没有你们，就不会有未来的阿里巴巴。你们这些人，可能会为阿里巴巴带来希望和价值，也有可能会为阿里巴巴带来绝望和灾难。

我们是不同的

管理就是平时要理，这是阿里巴巴的一种文化。你可能会觉得阿里巴巴的文化不好，对不起，这是我创造的，这头牛已经是吃草的了，不可能吃肉了。也许牛吃肉的话，能长得更好一点，但我们这家公司从创立的第一天开始就是这样的文化，我们这头牛就是吃草的，要让它改为吃肉，不如把它杀了，再去弄头新牛。拥抱变化是我们公司的独特性，我们要去欣赏它。一个优秀的将军、一个优秀的领导者永远要知道自己的部下出了什么问题。如果你的下属总共才六七个人，有人因为闹离婚而心情不好，你都不知道，那就是你的错。你为什么没有注意到下属的问题，是什么原因？领导者要学会自责。聪明的老板会教下属怎么做，傻瓜老板才会批评下属！

我感觉阿里巴巴是一家很有意思的公司，这家公司使得我们这些人出现了一些思想上和管理文化上的变化。我敢站在全世界各个论坛上讲，因为我们是阿里巴巴，所以我们是不同的。人只有有个性，才能有魅力。同样，企业有个性，才是有魅力的，我们公司就相信这些东西。我希望我们这家公司能聚集很多有个性的人，为共同的价值观、使命感而努力。

我们不是自吹，阿里巴巴几乎没有政治斗争，没有政治派别。你是谁，是由你自己决定的。不只是在阿里巴巴，在任何公司都是一样的。进了一家公司，如果你认为自己是公司的子弟兵，那你就会成为子弟兵；如果你认为公司是苦海，那就完了。

我觉得阿里巴巴是一家好公司，至少我想我们这个团队还不错，真心感谢大家加入阿里巴巴，一起来建造我们的梦想。八年前，我们手头连把镰刀都没有，今天我们手上有东西了，你们要比八年前的18个创始人聪明得多、能干得多。你们如果不能成功，不要怪别人，要怪你们自己。

来吧，大家一起干吧！人家傻干了八年，我们也一起干几年。我们一直干，一直挖，就算挖不到油，也可以挖到水。**我们只有把自己放低，将来才能跳得更高！**

第7章

以乐观心态面对各种残酷*

* 2008年4月14日，阿里巴巴内部管理者培训“湖畔学院”讲话。

◇你不可能找到最优秀的人才，你只能找到最合适的人才。

◇我们都是平凡的人，在一起做一件不平凡的事。

◇你有了机会，你有各种机缘，你才成为今天的你。

◇非洲草原上，只有饿死的大象，只有饿死的狮子，没有饿死的蚂蚁。

◇冬天不可怕，可怕的是没有准备。

◇一个人有信心，是傻子；一万个人有信心，就是信仰。

锁定中小企业

中国在加入WTO之后，前五年将以出口为主，后五年将逐渐走向以进口为主，这是阿里巴巴从1999年成立到现在一直做的判断。

我们建立阿里巴巴国际站，必须跟整个国家的改革开放挂钩。亚洲不应该发展大企业，应该以中小企业为主，发展中小企业。亚洲要走独特的路线，按照西方的模式做大工业、大制造业，是根本不靠谱的。20世纪是工业化时代，靠的是规模、资本、技术；21世纪是信息化时代，靠的是灵活、快速反应。我觉得灵活和快速反应对亚洲人来讲很难，亚洲的文化是宁为鸡头不为凤尾，尤其是中国人。

大企业擅长运用资本市场、资金优势和影响力，可以把创新规模化；而小企业更灵活，更容易出现创新。我坚信一点，阿里巴巴之所以从创立到现在一直把目标锁定为中小企业，是因为中国的希望就是亚洲的希望、全世界的希望。国家要真正富强，必须靠中小企业。中小企业意味着希望、创新和就业机会，中国90%以上的就业机会是中小企业创造的。

阿里巴巴从创立的第一天起就锁定中小企业，今天还是锁定中小企业，我们特别关注创业者的成长。一家公司最值钱、最宝贵的资源是CEO的时间，我的时间确实特别不够用，但我还是要去做《赢在中国》的评委。什么叫慈善，什么叫公益，什么叫社会责任？对有钱人来讲，钱是最不值钱的东西，捐点钱，这不是慈善。慈善是一份心意，是把自己最珍贵、最值钱的东西捐出去，这才叫慈善。我确实很忙，参加这个节目之后，就更忙了，忙得公司很多会都没法开，因为我不在场协调，会就开不了。

做自己的强项

中国需要大批创业者，有创业者，才能诞生中小企业。很多人问，阿里巴巴到底该不该为家乐福这样的大企业服务？我认为不应该。为什么？假设我们办学校，小学、中学是我们的强项，如果有一个大学生过来听听课，我们欢迎，但如果说让我们顺便给大学生办一所大学，我认为不靠谱。面向中小企业的网站服务体系的设计和建设，跟面向大企业的不一样，因为大企业的要求跟小企业是完全不一样的。一家企业要明确自己应该做什么，不应该做什么。如果阿里巴巴既想做中小企业，又想做大企业，那是做不好的。

这么多年来，阿里巴巴没有丢弃基本的东西，我们一直在为创业者服务。我们为什么选择中小企业？因为中小企业需要帮助。大企业做电子商务，是希望锦上添花，是因为竞争对手在做，或者是因为老板要他们做，不做的话股价就涨不起来。中小企业做电子商务，是出于生存需要，是必须做。

1995年，我开始做中国黄页，那时候纯粹是为了我的梦想而做。1997年，我去了外经贸部，在那儿做了13个月，然后又回到杭州。对我和我的团队来说，我们在北京的13个月其实是做得很成功的，相当成功。在那个年代，我们的净利润达到了287万元，我们可能是中国第一家赚钱的互联网公司。

去服务，而不是去控制

为什么我们要从北京撤回杭州？因为我们发现，我们有三样东西跟老板想的不一致：第一，老板认为应该用EDI（电子数据交换技术）的方法做电子商务，我们认为这是很早以前的方法，根本不靠谱，今天的电子商务应该以互联网为手段；第二，老板认为应该为大型国有企业服务，他看好国有企业的发展，我们认为国有企业不需要服务，中小企业更需要帮助；第三，我们认为应该为客户创造价值，让他们发展起来，老板认为应该控制客户。当你的看法跟老板不一样的时候，只有两个办法：要么劝服他，让他认同你的看法；要么老板重新选择认同自己的人，你走你的路。所以，我选择了重新开始，这是极其残酷的。企业做得很不错，我们却光着身子出来了。

互联网是工具，不是目的。鲍威尔[①]在APEC会议上的演讲非常好，什么叫有领导力？有领导力就是你要有追随者，要有目标，而且你要让手下的每个人完全相信这个目标。他当上将的时候，跟手下的中将讲：我知道你饿了，我知道你恐慌了，我知道你累了，但你不能把你的累、你的恐慌、你的饿表现出来，你必须等士兵睡了之后才可以吃。

领导者要达成一个目标，必须有一个良好的团队。如果你发现团队里有人出现错误，怎么办？有三个办法：第一，让这个出现错误的人继续留在原来的位置上，这样一来，这个人肯定会继续制造麻烦；第二，重新训练他；第三，开除他。你如果不采取行动，就会导致其他追随者感觉你不在乎他

① 指美国前国务卿科林·鲍威尔。

们。其他人都在努力按照你设定的方向走，只有这个人不按照这个方向走。所以，你要么重新训练他，要么开掉他。

那时候我明白了，我跟老板的观点不一样，是很难在一起的，勉强在一起，只会让事情越变越麻烦，虽然我们的关系还不错，到今天为止，我们还是不错的朋友。我们之间观念上的差异是一种商业哲学的差异，我们关于客户定位和互联网发展趋势的思路是完全不同的。最后，我选择了离开。到今天为止，我不后悔自己的选择。我觉得他今天之所以没有成功，是因为路线走错了。

我们在创业初期就制定了为中小企业服务的目标，我们要用互联网帮中小企业创造价值，而不是控制它们。这些思想，我们贯彻至今。大家都知道，我们刚开始干的时候没有钱，靠VC（风险投资）渡过了难关。我们犯过很多错误，每天到处打仗，但我们一直坚持一样最宝贵的东西——让天下没有难做的生意。这是我们共同的价值观。

电子商务的核心是需求

未来十年，我们有三个目标。第一，我坚信十年内中国一定会成为世界上最大的互联网国家，在世界上最大的互联网国家里，肯定会诞生一家世界级的互联网公司。从战略布局上看，我们有机会成为世界三大互联网公司之一。

在信息产业，无论是芯片还是操作系统，中国要跟美国拼，都很有难度。英特尔的芯片已经做到了九段的水平，我们只有六段水平，再怎么拼，也拼不上去了。操作系统呢，微软基本上已经掌控整个局面了，你再过去打，人家就会像切割机一样把你切掉。但是，在互联网应用上，我们和美国有得一拼。我认为中国的互联网应用水平跟美国是处在同一起跑线上的，最多只有两三年的差距。

在电子商务领域，大家更是在同一条起跑线上。电子商务的核心不是技术。不可否认，技术是电子商务发展的重要基础，没有这个基础，整个系统就会瘫痪，但光靠拼技术是不行的，电子商务的核心是需求。谁的买家、卖家数量多，谁有强大的技术支撑，谁有良好的客户体验，谁就能赢。如果你到澳大利亚去搞，就算你有最好的技术，也会把自己搞死，因为澳大利亚只有2000万人。北欧的技术差吗？不差，但它的市场需求同样有限。所以，从这个角度来看，中国一定会诞生一家世界级的互联网企业。

互联网绝不是一种技术，而是一种理念，是公正、透明地分享人类智慧的理念。谁掌握这个理念，谁就能掌握未来；谁掌握这个理念，谁就能控制互联网。从这个角度来看，互联网必须有强大的技术作为支持，还要有应用开发和创新，以及巨大的用户量。用户的需求使得互联网的各种应用越来越强大。

商业可以让人们增加沟通、增加信任、增加理解。我相信，不管是美元还是人民币，只要是货币，全世界的人都喜欢。所以，电子商务是一个巨大无比的市场，我们锁定电子商务，希望在中国创造一家伟大的互联网公司。如果我们没有做到，那是我们傻，不是市场不存在。

第二，我希望阿里巴巴成为世界五百强之一。很多老外对中国进入世界五百强的企业不认同，说这些企业是国家的，你们有哪些企业是凭自己的本事做到五百强的？工商银行是国家的，中石油垄断，谁都会做，我去做说不定比你做得更好。

阿里巴巴没有跟政府要过一分钱，没有向银行贷过一分钱，我们是凭自己的本事一点点做起来的。我们学习了西方的运作思想，包括价值观、企业愿景这一套体系。我们用东方的智慧、西方的运作来经营企业。东方讲究道，西方讲究理，道和理结合起来才能产生术。阿里巴巴是这个时代诞生的一面红旗，它是改革开放三十年的产物，也是全球化大背景下制度透明的公司治理思想的产物。我们希望真正凭本事打进世界五百强，大家要记住我们的这个使命。

第三，我希望阿里巴巴成为世界最佳雇主之一。我们的企业是以人为本的，我说的以人为本和大家理解的以人为本可能不太一样，我认为以人为本的"本"是"本钱"。

以人为本

我跟我们人力资源部的所有人讲过，我们公司的资产就是人。中国现在号称有12,000个电子商务专家，9000个在阿里巴巴集团。按照财务上的说法，资产是有折旧的，会越来越不值钱，但人应该是越来越值钱的。五年、八年以上的阿里人，加上电子商务的经验，就是非常值钱的。我相信，如果你在阿里巴巴待上20年再离开，你身上的价值会更大，你会更值钱，因为你把阿里巴巴的制度体系、价值观体系带出去了。

你不可能找到最优秀的人才，只能找到最合适的人才，把他变成你最优秀的人才。我们都是平凡的人，在一起做一件不非凡的事。你如果把自己看得低，别人就会高看你；你如果把自己看高了，别人就会看不起你。

有人说我智商很高，情商很低。其实，情商低的人基本上是把自己看得很高的人。他们认为自己的智商很高，把人家都当成傻子。天下没有傻子，我们眼中的傻子，只是没有机会知道真实的情况，一旦你告诉他，他什么都懂。你有了机会，有了各种机缘，才成为今天的你。

你要把自己清空，把自己看低，个子高的要蹲下来，不蹲下来永远跳不高。别人骂你几句，笑话你，没什么大不了的。不好就是不好，别人说你不好也是对的。一个人真正的愚蠢之处在于，别人都知道他愚蠢，他自己却以为别人不知道。

阿里巴巴要以人为本，人才是我们的本钱，我希望阿里巴巴的领导者永远用欣赏的眼光来看我们的员工。我们每年都要检视自己离世界最佳雇主还有多远的距离，我们希望我们的员工变得富裕，变得开心。其实，很多公司比我们有钱，但员工并不开心。我们要做到的是，让我们的员工一辈子都有成就感。

今天，我们谈的是阿里巴巴未来十年的目标。我们这家公司要走102年，现在才走了九年，今后会变成什么样子，我不知道。人家说马云能预测未来，其实我根本不知道未来会怎样，说知道，那是撒谎，我们只能想尽办法做好现在。10年、20年以后，大家不会再谈电子商务，因为到那时候，电子商务已经成为生活的一个重要组成部分，再平常不过了。就像20年以前，电视机厂的人无比优越，现在电视机厂的人都要下岗了。二三十年以后，大家谈的可能是生物科技、航空技术、太空探索等。企业也许不能走102年，但企业的价值观、文化、使命可以走102年，你们愿意也好，不愿意也好，我都要把我脑子里的东西贯彻到你们身上，让它们生根发芽。所以，我们要投资阿里学院，真正把阿里学院建起来。

我们公司的考核制度是价值观占50%，业绩占50%，这种方式在中国是独特的。我们要坚持走下去，如果有一天我们成功了，这套东西就会被很多企业学去，这样，我们的DNA就会传到别的机体里，我们的灵魂就会延续下去。

今天，阿里巴巴所有的组织结构，包括设立这七家公司、建立阿里学院，都紧紧围绕着我们的使命和价值观，我们的任何政策都不能与它们相违背，凡是违背价值观、使命感的政策，我们一定要拿掉。正因为有这套价值观、使命感和文化，才诞生今天的阿里巴巴。

准备过冬

2007年，我们判断整个世界的经济形势将会发生剧烈变化，阿里巴巴集团将面临很大的挑战，因为世界经济历经十几年的高速成长，没有出现过大灾难，这预示着离危机爆发可能不远了。因此，我们抓紧时间上市，准备过冬。在上市的掌声背后，我听见冬天的脚步正在逼近。

大家想想，我们的股价涨到四十几块钱，有哪家公司成立九年，就能达到200倍以上的市盈率？我觉得这不现实。即使我们上市的时候股价冲到了四十几块钱，我也觉得这是不健康的，我们不希望这样。

很多人都不知道我们上市的原因。外面的人问我们为什么上市，我们说为了准备过冬。他们说，你们在瞎讲。美国经济对世界经济产生了极大的影响，中国加入WTO是为了迎合世界标准，其实世界标准就是美国的标准，我们已经融入了世界经济大环境。再看看中国经济，国家搞宏观调控，大企业被卡住，从前以投资基础建设为主，大量农村人口进城修地修路，这样一卡，很多人都没有工作了。所以，宏观调控让经济从过热增长逐渐过渡到慢慢发展，发展才是硬道理。这一卡，再加上中国的中小企业用工，本来是雇临时工的，现在要跟工人签合同了。用工成本增加，再加上资金面紧张，在这样的情况下，中国大量依赖出口和投资基础建设的模式就会面临巨大的挑战。

未来三年，中国无数的中小企业将会面临生存问题。面对中小企业的大灾难，我们阿里巴巴B2B应该做什么？我希望阿里巴巴的所有高级干部都要明白，未来三年对我们来说是一个机会，也是一个挑战，我们应该做好准备。

公司上市的时候，我还说过一句话，我说我希望冬天来得越早越好，我们家的棉被很厚，我们家有的是粮食。结果我们发现，倒下来的不是互联网公司，而是无数的中小企业，而是创业者。他们如果倒下了，怎么办？这是我在反思的。我认为任何一次灾难都会带来机会，危机危机，机会就在危险中。我们要帮助中小企业渡过这个难关，未来两年，阿里巴巴B2B要做很多事情，淘宝要做很多事情，支付宝要做很多事情，雅虎要做很多事情。

非洲草原上，只有饿死的大象，只有饿死的狮子，没有饿死的蚂蚁，蚂蚁总能找到吃的。今天这个时候，是对我们的使命感和价值观的重要考验。我们的股价一定会出现下滑，即使股价跌到一块钱、一毛钱，我们也不能放弃自己的使命、价值观和信仰。如果阿里巴巴关门了，中国能活下来的企业也没有几家。我们自己要有信心，把这个行业做起来。我们经历过很多次挑战，经历过大批国外来的人在公司指手画脚，弄得我们晕头转向，经历过抗击非典。未来五年、十年，我们将会遇到更大的挑战，谁让我们希望成为世界顶尖公司呢？我们付出的代价一定会比任何人都大。鲍威尔说过，在机枪面前，将军心里慌不慌？肯定慌。即使慌，也不能表现出来，只要他在这里，士兵就不会乱。人都会恐慌，前几年我也感到过恐慌，现在不会了，似乎任何事情都看明白了。

冬天不可怕，可怕的是没有准备。上市以后，我们的股价涨得那么高，今天掉下来了，到了15块、12块、11块钱了，就有人骂我们。我们跟骂我们的投资者讲，股价涨到四十几块钱的时候，你们没有表扬过我们，现在一跌就骂我们。现在下结论还为时过早，我们的企业要走102年，现在才走了九年。上市时，我把股价定为十三块五，我们的风险投资认为我定得太低了。开会的时候，多少人在吵在闹，我的脾气就是这样，十三块五就十三块五。

走到现在，我们不敢说自己是一流的船长，但我们也跑了不少海，经历了不少风浪。以今天阿里巴巴的影响力和抗风险能力，我不敢说9000人在灾难面前都不会倒，但我想就算倒个40%，还有五六千人在这里跟我一起扛风浪。也许新加入阿里巴巴的人会说，我怎么这么倒霉，刚进来就遇到灾难了，我跟大家说，我们最不幸的员工，第一天来报到就因为非典被关起来了。

价值观的考验

不管遇到什么挑战，大家都要手拉手一起面对。一个人在沙漠里走路是很慌的，大家一起走就不害怕了。当然，我们不能手拉手往回逃，一个人往回逃，大家都会往回逃，这样我们的组织就会垮掉。我认为我们面临着两种考验：诱惑面前挡不挡得住，灾难面前挺不挺得住。这是对价值观的考验，只有经过这个考验，才真正叫有价值观。

天天锻炼的人和从不锻炼的人，平时可能没什么不同，但是在生重病的时候就不一样了。天天锻炼的人会有更强的抵抗力，更能挺得过来。价值观不能等到灾难来临的时候再去培养，平时就要培养，这样，在灾难来临的时候，你才能活下来。

你们不要讨厌这个过程，既然你们加入了这家公司，就要信仰我们的价值观。阿里巴巴有六大价值观[①]，我们要对新进来的员工进行考核，更要对干部进行考核。

我们这家公司最宝贵的东西就是使命感和价值观，我们跟其他公司没什么不一样，唯一不一样的就是使命感和价值观，这些东西是我们的DNA。大家不要觉得我这个人怎么这样，我就是这样，你不爽，就等下一个CEO上来。但我可以告诉你，下一个CEO上来也是这样。我下面的人都是这样，上来的肯定也是这样。

今天，阿里巴巴有9000名员工，我认为十年以后，整个阿里巴巴集团会有15万名员工，至少有一万名是干部。这一万名干部，不培训，怎么能把我们的价值观灌输给他们？只有把我们的干部培训好，才能把我们的价值体系灌输给所有员工。做人做事，要光明磊落，讲究诚信。谁让我们选择成为

① 阿里巴巴的六大核心价值观是客户第一、团队合作、拥抱变化、诚信、激情、敬业。

世界互联网三强，谁让我们选择打入世界五百强，谁让我们选择成为世界最佳雇主公司？从战略上来讲，未来三年，我们永远要以乐观的心态面对各种残酷的挑战。我们要做好准备，三年内，如果灾难不来，那很好。你做好准备，总不会吃亏。幸亏我们的布局不错，淘宝在发展，支付宝在扩张，国外的B2B业务要迅速占领市场，要在日本和欧洲有一些实质性的突破，把我们的收费降低，该收的钱要少收一点，帮助客户渡过难关。如果明年这个时候我们的利润增长率还保持在300%，那我们的股价一定会回升的。我们三年以后做什么，三年以后是否会赢？这要看我们未来三年做什么、怎么做。三年以内，我们要守住基本点，否则，我们永远会被分析师盯着走，被媒体盯着走。我们要为我们的理想往前走，否则我们永远不会开心。

我们要继承我们的精神，坚持我们的价值观和使命感。要相信自己，倒下去没有关系，再来过就是。人没有信心，会很痛苦。一个人有信心，是傻子；一万个人有信心，就是信仰。

第8章

回到基本点*

* 2008年11月1日，在集团内部会议上的讲话。

◇十年之内，中国作为世界上最大的出口基地和最重要的制造业大国的地位是不会改变的。

◇我们必须看到别人没有看到的危险，也必须看到别人没有看到的机会。

◇聪明人和笨人都会犯错误，但是聪明的人不要犯重复的错误。

◇在形势最好的时候，必须找出问题。

◇任何一家伟大的公司都必须在非常残酷的形势下经受洗礼。

中国的大格局没有改变

我认为未来世界经济全球化的局势是不会改变的，因为社会是不会倒退的，一定会向前发展。美国的经济还将是非常强大的，还将是开放性的经济；欧洲还将继续欧盟的发展；中国将成为世界上最主要的经济体。

大家担心这样下去，中国的出口会不会发生变化。我可以告诉大家，**十年之内，中国作为世界上最大的出口基地和最重要的制造业大国的地位是不会改变的。**

这几年，我去很多国家和地区考察过。我发现，具备像中国这样的出口、制造产业链和生态体系的国家，全世界找不到第二个。越南不具备，墨西哥不具备，印度不具备，只有中国在前十几年大规模地投入基础建设，投入制造业，特别是在广东、浙江、江苏这些地区，形成了良好的制造产业链体系。这个体系不是任何一个国家在五年、十年之内就可以做起来的。

很多国家这两年也加大了制造业的投入，像墨西哥、印度。一些欧美国家为了和中国竞争，也进行了大量的基础建设投资，但它们都是这三四年才开始投的。投一个基础建设，投一个生态链，起码需要十年时间，而它们才投了三四年，所以根本没有形成真正的竞争力。

现在大家担心投资国内的外资会减少，我告诉大家，现在要担心的不是国外的投资会不会减少，而是中国在全世界的投资会不会回流到国内。从宏观局势来看，想再创造一个全球制造业基地，任何一个国家和地区都至少需要十年的时间。所以我认为，在世界经济的版图中，中国制造业的大格局不会发生变化。

但是，中国出口的格局将发生革命性的变化，出口企业将发生巨大的变化。什么意思？去年中国的出口额是十亿美元，但我们的利润只有3000万~5000万美元，因为我们大批的制造业都是高耗能、低产值的。我们的利润非常薄，消耗的能源非常多。

这样的出口拉动了GDP，但是不能给中国人真正带来财富，而给国家带来的污染非常厉害。所以，我认为这样的出口是支撑不住的。今年这次金融风暴以后，假如说去年出口有十亿美元的话，那么从明年开始，我们向全世界的出口可能会降到六亿美元，但这六亿美元的出口额，利润可能会达到一亿美元。

个性化定制

我们的出口量少了，但是利润提高了，所有的企业必须走向小规模、个性化定制、高附加值、独特性、创新性。以前我们出口的基本是原材料加工、贴牌加工，这些方面的出口以后会先受到剧烈的冲击。

中国企业在未来几年的出口过程中，将会出现有讨价还价能力的情形。比方说，生产瓶子的企业在广东可能有2000家，大家竞争很激烈。你出一块钱，有人出八毛钱；你出七毛钱，有人出三毛钱。所以，价格永远是在下滑的。价格下滑的同时，原材料、劳工成本还在上涨，所以利润会越来越薄。

但是，在这次经济危机之后，原来生产瓶子的公司大部分倒掉了，剩下的企业就有机会活得更好。

在全世界范围内，你要是想找工厂替你生产瓶子，在越南找不到，在墨西哥也找不到，你只能来中国。为什么？中国是一个巨大的制造业基地，有较完善的产业链体系，越南和墨西哥还不具备这样的条件。美国次贷危机以后，很多人付不起贷，但又不能宣布破产，要用自己有限的薪水付房贷。

另外，美元是世界主要货币，美国通过印刷美元纸币可以变相地把世界上很多人的财富洗劫了。美国人的消费是既花明天的钱，也花别人的钱。美国人这么多年来的消费习惯导致他们的信用卡透支到了极点，美国人已经不在乎还不还得了了，先花了再说。但是，这样一来，美国银行和信用卡公司麻烦就大了。美国任何一张信用卡，原先是给5000美元的额度，现在只给3000美元了。这是巨大的变化，意味着什么？生活支出要缩减，美国人还得要买便宜货，买便宜货还是会找中国，墨西哥和越南制造不出来。

另外，我个人认为，美国这几年在战略上也有一个错误，那就是外包。外包听起来很美好，美国留下核心的东西——品牌和研发，把制造环节外包给亚洲国家，特别是包给中国。但是，实际上整个经济形势的走势不是你想象的那样，出现的情况是，中国形成了巨大的制造生产链。研发一定是围绕着制造走的，制造环节一旦赚了钱，必然会想到另外一个核心的问题——研发，会想尽一切办法挖人，再做品牌。当然，美国在飞机等高端制造业上还是很强大的，但在低端产业上并不占优势。

在这次经济危机的影响下，恢复制造业的能力需要三五年的时间。为什么？我打个比方。我以前没汽车的时候，经常骑自行车、跑步，跑五公里一点问题都没有，但是现在经常坐汽车，让我跑两公里都不行了。所以，现在要让我跑五公里，必须给我一段恢复时间。中国作为世界主要的出口基地、主要的制造业大国，这个地位没有发生变化，美国、欧洲还得从中国进口。

内需潜力非常大

这次经济危机还带来了一个巨大变化，我觉得中国未来的内需市场将会蓬勃发展。中国的整个经济主要是靠出口带动起来的。假如中国原来可以出口十亿美元，以后只能出口六亿美元了，那缺的四亿美元去哪儿了？必须在中国国内消费掉。中国的内需市场如果不起来，中国的经济将会非常危险。所以，我们可以感觉到，中国政府已经全力在拉动内需，内需潜力还是非常大的。

以前拉内需是通过房地产，通过手机、汽车等商品的消费，通过一系列硬件投资来实现的。我认为今后大量的投资应该会在教育、社保上。如果不解决人们的后顾之忧，没有健全的社会保险，大家今天就不敢花钱。基础设施建设、农村城镇化，必须建设大量的公路、铁路，国家的投资将继续下去。内需市场我们听了很多年，但除了房地产、汽车以外，还没有什么真正的市场起来过。这些都是硬的市场，人们真正需要的软的市场没有起来。

这就需要改革。改革、拉动产业升级，这两年喊得挺多，但是基本没有改。形势好的时候不改，形势不好更不能改。以前形势不好的时候不敢改，但是这一次不得不改，因为世界形势发生了变化。中国内需市场的拉动，一定会带来剧烈的变化。

内需市场的变化，一定会促使中国十年以后成为全世界最大的进口国。从明后年开始，我认为人民币的升值还会继续，人民币将越来越值钱。中国内需市场的发展，必定会将中国的发展带上一个新台阶。

握住中国这一端

1999年，我们做阿里巴巴的时候，做了两个网站：一个是阿里巴巴国际站，一个是阿里巴巴中文站。我们投资阿里巴巴国际站的时候，访问量比较小。我们为什么要做英文国际网站？因为我们判断中国加入WTO以后，前五年将会以出口为导向。最初的这个英文网站团队成了阿里巴巴今天强大的铁军力量。中国以出口为导向，我认为这个局势十年之内不会改变，出口还是拉动中国经济增长的主要力量。

我们当时还做了中文站点。到去年为止，中文站的流量是国际站的十倍，但国际站的收入占总收入的65%，中文站的收入只占总收入的20%。原因何在？我们在一开始的时候做了一个对冲，因为我们相信中国的内需市场在未来必须起来。中国前五年是出口，后五年是进口。所以，我们认为，阿里巴巴中文站凭借强大的资源、强劲的后续力量，很快就会发展起来。有两点可以支撑中文站的发展：一是内贸，二是中国的进口。中国一旦成为最大的进口国，阿里巴巴2000多万家的内贸企业就变成了买家。以前我们最担心的是找不到买家，但只要我们握住中国这一端，形势就会发生好的变化。

从这个角度讲，阿里巴巴帮助中国的企业进口也成为未来的一个趋势。虽然现在的经济形势不好，但中国产业转型升级的脚步不能停止下来。没有创新，只是简单的拷贝，一定会让这些企业死掉。必须死掉这样一批企业，中国的企业才能走上健康的大道。

我现在听到很多人讲中国的劳动力便宜，具有强大的竞争力，我觉得这些东西已经不适合五年、十年之后的中国经济的发展了。西方国家一个工人一年收入两三万美元，而我们中国的工人只有一万元人民币。我们的工人并不比其他国家的差，为什么收入会相差这么多呢？

这个世界一定会走向公平。我坚信一点，中国劳动力成本上涨不是一件坏事，只有工资收入多了，人们才有可能有钱去买东西。如果你发现一个城市里有人收入很高，有人收入很低，那么很低的收入就是社会的危害，是社会的潜在风险。我们的产业升级转型不能停，我相信这个趋势还会继续下去。

大家可能看到，在广东、浙江、江苏这些以往制造业比较发达的地区，现在出现了非常多的失业者。怎么解决这个问题？阿里巴巴要在内贸市场上大力扶持中小企业，淘宝要扶持个人创业，用创业带动就业。这是今后阿里巴巴非常重要的社会责任，我们要推动社会创业，推动人们就业。我们成立阿里巴巴商学院，目的是培养一些大学生的自主创业能力。如果他们没有找到工作，自己也能找些事情做。

保持头脑冷静

总而言之，今年的这次金融风暴，有两点比较大的影响：第一，内贸将高速发展；第二，外贸出口将持续发展。阿里巴巴B2B是2007年11月6日在香港上的市，我们什么事也没做，股价冲到了40块钱，我们也没做任何愚蠢的事情，股价又跌到了10块钱。自上市以来，这一年内，我们的实力增强了很多，我们做了很多有意义的事情，我们是最早喊出冬天即将到来的，结果股市还是把我们的股价给打下来了。原因是什么？今天好多企业的现金储备已经超过它们的市值，为什么它们的股价还那么低？人们的思维往往是极端的，追涨杀跌。股价上涨的时候，企业做什么都是对的；下跌的时候，一片恐慌，企业做什么都是错的。

比如说，现在的金融危机会影响到中国的中小企业。所有人都说中国的中小企业出问题，阿里巴巴肯定也会出问题，其实这两者之间并没有必然的关系。

大家知道，中国有四五千万家中小企业，出口企业至少有100万家。我们阿里巴巴做了多少？我们只做了三万家出口企业，只占3%，这个影响力在中国是非常小的，但是很多人不会用脑子去思考这个问题。所以，不论股价是涨还是跌，优秀的企业家都要保持冷静的头脑，冷静下来才有机会赢。巴菲特几年前有一句著名的话：**等潮水退去之后，你就知道是谁在裸泳**。在这样的情况下，今天我不是一个经济学家，也不是一个政治家，我只是讲我对经济的判断和感受。

互联网的未来格局

我们判断未来，并不是要成为算命大师。我觉得阿里巴巴有非常优秀的团队、非常优秀的人才。假如我们1999年不判断中国一定会加入WTO，加入WTO之后中国的生活一定会变得更好，就没有今天的阿里巴巴，也不存在这些优秀的铁军。假如我们不判断中国内需市场必须发展起来，我们就不会做中文站；假如我们不判断中国的电子商务最终是消费驱动市场，我们就不会推出淘宝；假如我们不判断中国的支付体系原先是政府垄断的，我们就不会推出支付宝。

所以，正是基于对未来的判断，才有今天的阿里巴巴。**我们必须看到别人没有看到的危险，也必须看到别人没有看到的机会**。互联网的格局，从明年开始，会发生两点变化：第一，基于广告业务的互联网企业将会出现大的问题。天天喊经济有问题、我没问题的企业会出现危机，这样的企业，要么在骗大众，要么在骗自己。经济是一个循环体系，假如你的模式单一，假如你在这个时候还不进行转型，那你的麻烦就大了。这次的金融风暴和经济危机将导致五年以后的经济形态发生剧烈变化，企业做广告的格局也会发生变化，如果你不调整，就会必死无疑。

所以，我认为以做广告为主的互联网公司将会出现大的问题。经济不好，企业首先要缩减的就是广告费。所以，纯粹以广告为主，而又不能给客户带来实际效果的，这种商业模式将会出现问题。

第二，互联网正式进入电子商务时代。经济好的时候，没有人会去想创新，没有人会愿意采用真正能改变自己未来的东西。这次金融风暴会带来一样东西，人类社会将进入新的商业文明时代，企业将真正进入信息化领导的时代。在这次金融危机之后，电子商务企业要在企业开始恢复生产的过程中，帮它们更多地采用信息化，推行更好的管理，更准确地把握市场，更加适应市场的需求。如果说有一只挪亚方舟能够帮助企业度过寒冬，能够帮助企业走出困境的话，那么这只挪亚方舟就是电子商务。

现在中小企业的生存越来越艰难，大家去看一下，应用电子商务的中小企业，使用阿里巴巴诚信通的中国供应商，死亡率远远低于没有采用信息技术的企业。为什么？我并不认为是阿里巴巴起到了多大的作用，而是这些企业自身寻求创新、想活下来的精神起到了作用。今天使用阿里巴巴的电子商务的企业，为什么它们的存活率比较高？因为它们想突出重围，想活下来。所以，电子商务一定是帮助绝大多数企业去创新，活下来。

电子商务解决了一个很重要的问题，就是个性化定制。个性化定制，小规模生产，附加值比较高，就可以有利润。我到广东调研，一些小企业告诉我，价格爱跌不跌，我就是这个价格。我觉得这种企业的自信、创新、坚强、想活下来的愿望，对电子商务来说是最重要的。

地震的时候，没有一根柱子是可靠的

其实，无论是对企业还是对人来说，在最困难的时候，边上一定有机会，但是你脑子里、眼睛里全都是恐慌，你已经丧失了理智。就像去年阿里巴巴上市，股价涨到40块钱的时候，大家脑子里想到的只有钱。今天，所有人眼睛里看到的全都是恐慌。

脑子是用来思考的，眼睛是来捕捉机会的，手是用来抓住机会，并把机会变成现实的。我们要去找出那些想生存、想创新的企业，这些企业具备小规模、高附加值的条件，有自己的独特产品，不在乎买家有多小，不在乎订单有多小，而在乎活下去。我们希望为中国创造一代新的企业家，为中国创造一批新的出口企业。要订单，去广交会，不行找政府，再不行搞退税，还不行找亲戚朋友问一问。我觉得这样的企业该死一批了。

刚创业的时候，我每天开开心心，虽然赚不到钱，但是很快乐。现在我不知道自己整天在做什么，今天这个人要见你，明天那个人要见你。我的时间被切割成15分钟、20分钟。假如管理层的眼睛盯着的是股票，那么管理层就应该换掉。管理层的眼睛盯着的是客户需求，是员工，是企业怎么渡过难关，这才是优秀的管理层。为什么我们不回购股票？地震的时候，没有一根柱子是可靠的。

我们最早判断出经济有问题，这个冬天要比大家想象的还要寒冷、还要漫长、还要残酷。在冬天一开始的时候就跳进去，是不行的。我有个朋友，回购了七八次了，阿里巴巴的股价一掉下去，他就冲进去。我说，你别进去。那怎么行？他不听，又冲进去。最后，股价到了八块钱的时候，我给大家打电话，告诉大家别进去，进去是要死的。那时候，员工在看着我，客户在看着我，股东在骂着我，我说在这个时候，我们应该想清楚的不是股价是不是见底了，而是要怎样带着客户渡过难关。

到今天为止，阿里巴巴整个集团拥有的现金还有150亿元人民币，分文未动。带兵打仗，有些毛头将军看到自己的一个营被吃掉，恨不得马上冲出去，到了最危急的时候，就没戏了。优秀的将军绝对不在冲锋陷阵的时候出现，而是在撤退的时候出现。什么时候该下手，什么时候不该下手，捕捉机会，这才是公司的治理和发展之道。

如果我们在股价12块钱的时候冲进去，今天会怎样？如果我们在股价五块钱的时候冲进去，又会怎样？在这场百年难遇的金融风暴中，阿里巴巴的股价最低掉到过三块多钱。我们一辈子经历了人类社会最黑暗的时候，这也是一辈子很难有的经历。幸好，我们是在自己年富力强的时候碰到了这次经历。

幸运的是，我们感觉到了未来。几年前，我们就发现了这个问题，所以做了准备。幸运的是，阿里巴巴去年做了上市工作；幸运的是，我们今天都还年轻。灾难没有真正落在我们身上。股价掉下来，最多被人骂几句。聪明人和笨人都会犯错误，但是聪明人不要犯重复的错误。

我们为什么能够提前预感到这个问题？在去年年底到今年一、二季度的时候，我们的这种感觉非常强烈。我们经历了2001年的互联网泡沫，那时候跟去年、今年没有什么区别。我们经历了1997年的金融风暴，风暴前夜的一切疯狂告诉我们，坏的东西要来了。这次金融风暴让所有想从事金融的人对风险看得更清楚。**在形势最好的时候，必须找出问题。**

不同时期需要不同的领导者

我从1995年开始创业，目睹了1997年的金融风暴，特别是自己被送进炼炉里烤了烤，那种感觉令我终生难忘。很多人觉得，我怎么没有成为阿里巴巴的那18个人，2001年的时候我怎么没有去阿里巴巴，非典的时候怎么没有去阿里巴巴？从今天来看，这些都是机会，但在当时，当你到了这些机会门口的时候，你会觉得，这怎么是机会，这是灾难。

其实，当初我把那17个人召集在一起的时候，对他们来说确实是个灾难——其他的公司不去，来做前途未卜的阿里巴巴。2001年互联网泡沫泛滥的时候，很多人心想我怎么那么倒霉，什么工作不好找，怎么跑到淘宝来了，碰到了裁员！非典的时候被隔离，有多少人心里很难过，认为是灾难。但是，过去了以后，所有人都认为那是机会。

今天我们兵精粮足、现金充裕、人才齐备；今天我们已经看清楚了未来。我们看到了电子商务的机会，我们看到了新的出口机会，我们看到了内需市场会起来的机会。在今天这个形势下，如果我们能渡过难关，我们就将成为伟大的公司。任何一家伟大的公司都必须在非常残酷的形势下经受洗礼。在所有人唱歌、跳舞的时候，我们讲话一定要轻；在所有人冷静下来的时候，阿里巴巴必须发挥自己的作用。今天是阿里巴巴该采取行动的时候了。虽然我们面临着一次世界危机，但我们也面临着一个百年难遇的机会。

等我们60岁以后，我估计我们没有这个力量了，但今天我们年富力强。如果失去了这个机会，我们一辈子都会感到遗憾。这次，我们要正式启动阿里巴巴B2B商业模型的升级，这样的事很多人一辈子都很难有机会参与。我们公司用九年时间走了一家平常的公司要用25年才能走完的历程。想要达到收入30亿元、利润十几亿元的目标，传统行业的公司至少要走25年。

一般来说，公司成立后，前五年不赚钱，后五年开始赚一点钱，慢慢突破一亿元的利润。然后，从一个亿的利润走向五个亿的利润，需要五年时间。从五个亿走向十几个亿，要十年时间。能用25年的时间做到这个水平，已经不错了。经济形势发生了变化，企业必须转型。转型是企业发展过程中最艰辛、最痛苦的事。

去年年初，我们讨论后，觉得经济不可能永远这么好，任何东西都有周期，阿里巴巴B2B必须进行商业模式的升级转型。阿里巴巴还有几个“孩子”，还很小，还需要吃奶，所以我们做了先期上市准备，做了全面应对危机和模式升级的准备。阿里巴巴的股价跌，我说没关系，会涨回来的，这是因为经济形势不好，怪谁都没有用。

外部有不少言论，杯酒释兵权、阴谋论，我一上任，先把老干部给“杀”了。我为什么做这些事情？改革最艰难的是从领导层改起，必须让新的领导班子上来。新的领导班子要能适应环境，最大限度地发挥自己的作用。我们必须走这一步，这一步是非常痛苦的，我也痛苦。深爱公司九年的创业元老，每年都希望给自己一个月的休假吧。可是，真的到了要离开、能休息的时候，痛苦是很大的。

老的员工要走，我舍不得，我难过，但是他们必须走，不走阿里巴巴今后怎么办？我们必须让新的人进来，带公司再走五年、十年。那么，这些新进来的人跟以前的文化怎么融合？阿里巴巴在不同时期需要不同的人员，不能老停留在创业时期。创业精神要保留，但也需要不同的领导者，需要新的力量。外部是这样，内部也是这样。在改革的同时，你会发现，淘宝、支付宝、阿里软件都要开始这些变革。

从今年3月份开始，雅虎、口碑（网）合并，整个路子开始慢慢形成。在四五月份的时候，当我们正忙着国内公司的时候，突然来了一场大地震。地震给我们带来了巨大的冲击，很多人批评我们只捐一块钱，谣言纷飞。

五六月份，我们做了全面改革的思考。6月份到7月份，整个集团全面进入过冬准备状态。事实上，发出“过冬论”这封信的那一天，我们已经开始全面展开应对策略。我们当时的口号是：深挖洞，广积粮；做强做好不做大；逢单出击，逢双休息。在别人刚开始应对的时候，我们已经能够掌握局势了。我们必须把这个机会把握住，如果不把握住这个机会，我们前面所有的预测和判断都是白费。

最后，为了过冬，我们要做些什么？一句话，我们要做的就是Back to Basic（回归基本点）。什么是我们的基本点？就是我们的使命感、价值观。我们要回归我们的使命感、价值观，回归客户第一，回归我们当初的激情和敬业精神。我为什么1月份比较烦躁？有一个原因，那时候我看到股价还在涨，我知道阿里巴巴的团队不可能静下心来做事情，只要大家每天看到的是股票，就不可能静下心来。

我感谢这次金融风暴。它告诉我们，阿里巴巴的股价也会跌，而且会跌到三块钱，但我们可以从三块钱这里继续往前走。阿里人的友情永远在，阿里人的铁血精神、兄弟情深永远在。今天，我们已经站在同一条船上，网站、客户、直销等部门必须同舟共济，合力渡过难关，帮助阿里巴巴升级，帮助中小企业挺过难关。是使命感驱使我们帮助中小企业渡过难关，是使命感驱使我们回到客户第一、诚信、敬业、激情、团队和拥抱变化。这两三年内，所有人要扎扎实实、踏踏实实地走。

让天下没有难做的生意——阿里巴巴集团的这个使命不会改变。在未来五年，我们会把这个使命更加具体化：打造开放、协同、繁荣的电子商务生态圈。五年以内，我们的战略定位是：阿里巴巴集团是电子商务的运营商，提供电子商务基础设施。也就是说，将来所有企业从事电子商务，我们将会提供“水、电、煤气”。

我们的愿景是：成为一家持续发展102年的公司。我们以前有个目标，要成为全球三大互联网公司之一，今天我们把这个目标修改为：成为全球最大的电子商务公司，也有可能成为全球最大的互联网公司。我们最关心和最希望投入更多精力的是：成为全球最佳雇主。我相信，我们的员工有很多的委屈，遭遇到很多的不公平、很多的沮丧、很多的压力，这些是一个团队在发展过程中避免不了的。在成为全球最佳雇主以后，我们可能仍然不完美，但我们不要怪领导、同事和外部环境，而要继续努力往前走。

大淘宝战略

我们提出了大淘宝战略，我感觉这是一个比较高深的说法。我们确实在全力以赴地建设并促进新的商界文明。这次的金融风暴和世界经济危机，已经引发了很多事情。人类社会必须进入新的商业文明时代，社会责任感只是其中的一部分而已。所以，我们提出大淘宝战略，我们建设并促进新的商业文明。淘宝三年内的愿望是“购物等于淘宝”，以前是“淘宝等于购物”，现在反过来了，要让所有想购物的人第一个想到的就是淘宝。

在北京，基本上五个网民中（我们现在聚焦一线城市）就有四个淘宝用户。上海也差不多。接下来我们将进入二、三线城市。我们每个月的纯页面浏览量已经超过了五亿，成为第二大容量的网站。当然，我们是不甘心当第二的，我们也不会是第二。

竞争永远是一种乐趣。让我们觉得最高兴的事情是淘宝跟易趣的竞争，易趣当年只有一两亿元的交易额，我们做到了100亿元的交易额。淘宝要想成为一家伟大的公司，需要更多的竞争者。商业社会永远不能害怕竞争，商业社会永远拥抱变化。但是，我们不愿意跟那些不承担社会责任的企业竞争，所以我想淘宝要打造新的商业文明。

我们今天的流量增长不错，但淘宝还有很多方面不是很好。所以，未来三年，淘宝变化无穷，魅力无穷。淘宝明年的战略是进一步优化客户消费体验，扩大内需，帮助中小企业实现内销。这可能要我们的阿里巴巴中文站点跟淘宝展开全面的合作。淘宝将强化自身的购物品牌形象，购物就等于淘宝。

支付宝的愿景是成为全球最大的电子商务服务提供商。我们现在已经是全球第二大，不出意外的话，我们很快就会超过PayPal，成为全球最大的支付品牌。

但是，成为全球最大的电子商务支付平台不是我们想要的，我们希望把“电子”这两个字拿掉，成为全球最大的支付平台。当然，我们的愿景是所有人都用支付宝，以前是人人都有支付宝，要把它变成“人人都用支付宝”。支付宝明年的战略重点在于基础系统的进一步稳定，确保安全交易。我们已经开始全面建立大运营体系，希望为全世界建立最快捷的支付体系。

雅虎、口碑要成为网上最大的生活服务平台。明年的战略是集中全部力量打造雅虎、口碑的全新生活服务品牌。雅虎、口碑是创新公司。我们两年前做了一个非常痛苦的决定，虽然很痛苦，但它是基于我们的判断做出的。我们当时判断美国雅虎会出问题，假如阿里巴巴依赖于他们的技术，依赖于他们的人才，依赖于他们的发展，一旦美国雅虎出问题，我们就会被拖进去。所以，当时我们做了一个重要的决定，斩断中国雅虎、阿里巴巴跟美国雅虎的所有关系。所有的技术，假如我们不拥有源代码，宁可不要；所有的技术，假如我们不掌握，一定不要。五年以后，中国会诞生一个新的雅虎，一个基于生活的搜索平台。

还有阿里软件，阿里旺旺已经成为仅次于QQ的第二大在线SAAS[①] 平台。当然，我们也没想去超越QQ，到了人家的家里，千万别把人家的饭碗砸了。饭是要大家一起吃的，我们希望QQ做得更好，而且它确实做得不错。我们的阿里旺旺主要是用来完善电子商务系统的。

我相信，阿里巴巴人有机会创造电子商务的历史，有机会创造互联网的历史。我真心想跟大家一起渡过经济危机这个难关，想跟大家一起参与阿里巴巴整个集团的商业模式的转型和升级。在灾难过后的三年内，等经济重新起来了，我们将成为全世界最强大的电子商务集团。

很多人今天还拥有阿里巴巴的股票，很多人可能在二十几块钱的时候买进了阿里巴巴的股票。今天股价掉成这个样子，我知道大家很难受，但是我觉得它会涨回来。我们要永远记住，在2008年，在中国最混乱、最复杂、最精彩的一年，我们的股价曾经跌到过三块多钱。这将成为历史，再也不会回来。

从11月1日开始，阿里巴巴集团将进入把握机遇、重塑自己、回到基本点

① SAAS：software-as-a-service，软件即服务，也称为软件运营，是一种基于互联网提供软件服务的应用模式。

的时期。三年以后，我相信阿里巴巴将跟今天我看到的完全不一样。但是，改革是痛苦的，改革是沮丧的。我全力支持现有的阿里巴巴领导团队进行大胆的改革，进行模式的提升，回归阿里巴巴的使命感、价值观，全力以赴帮助我们的客户渡过难关，帮助中国的企业扩大内需，帮助更多的人就业。我也拜托大家，所到之处，必须彰显阿里巴巴的精神、文化和价值观。

第9章 我们改革自己*

* 2007年6月13日，对阿里巴巴中文站的讲话。

◇错了可以马上改回来，这并不丢脸。

◇我们永远帮助全世界的中小企业和个体经济，帮助它们成长，帮助它们生存，帮助它们发展。

◇一味地以销售为驱动，而不是以使命感为驱动，不帮助别人成长，不帮助别人创造价值，越往前走，我们越担心。

◇网站的一切，包括创新在内，都源于三个关键词：海量、诚信、互动。

问题不是出在对手身上

我对阿里巴巴B2B这两三年来的发展感到有些失望。阿里巴巴发展了将近八年，我一直认为随着B2B市场的发展，中、英文网站的网页浏览量加起来应该有一亿左右，但是直到今天为止，我们还在向6000万迈进。

那么，市场还在不在？一定在。很多垂直网站都模仿阿里巴巴做起来了，不管它们做得多烂，都有流量，这些流量本应该是属于我们的。这说明我们自己没有做好，让对手有机可乘，问题不是出在对手身上，是出在我们自己身上。

我想告诉大家，我们正在失去一些东西，不是因为别人很强大，而是因为我们自己没有做好。去年年初的时候，我就讲过，我认为中国一定会有一家C2C或B2B网站的访问量会突破一亿，淘宝要不惜一切代价冲破一亿访问量。当时淘宝只有2000万流量，但淘宝的所有人员都全力以赴、前赴后继，达成了这个目标。

我认为只要能突破一亿访问量，后面几年就会活得非常滋润，而第二名、第三名就会累死。至今为止，淘宝纯访问量已经超过1.6亿，高峰的时候达到1.8亿，现在已经超过了雅虎。谁先突破一亿访问量，谁就会成为一个里程碑，让对手望尘莫及。今天看到阿里巴巴B2B网站，面对中、英文网站加起来超过一亿访问量的策略和目标，我觉得有点失望。因为这个目标一旦被别人抢先超越了，那我们的日子就会非常难过，我们会面临非常残酷的局面。

所以我希望，为了我们共同的目标、价值观和使命，这一关一定要过。当然，我们阿里巴巴人也知道，要吃大象，得分步实施，一步一步地往前走。

我先讲阿里巴巴中文站点的问题。我觉得近两三年来，我们有点走向沉闷。我在大家脸上没有看到我们可以创新、可以突破更高目标的激情，我在网站上也没有看到阿里巴巴在向前发展。只有你们变了，网站才会变。我们的激情没有被激发出来，网站的激情也一定不会被激发出来。

我们有点以老大自居，别人却正在赶超我们。面对这种情况，竞争对手往往是我们最好的研究对象。一方面，我们要不断创新；另一方面，要看看竞争对手，看他们是在抄袭我们，还是在改革。如果他们是100%抄袭，那就一定会死，如果有2%～3%的改革，效果不错的话，我们就要赶快学以致用。

如果我们快速行动起来，凭我们的访问量，凭我们的影响力，凭我们拥有的人才，一定会做得更好，会发展得更快，一定会战胜别人。但我们在这方面没有做好。令我最失望的是我们阿里巴巴的网站。淘宝网我每天都看，我虽然没有买淘宝的东西，但是越看淘宝就越感觉爽快。昨天我在淘宝上看到卖家在搞模特秀，看了两个小时。上面有各种各样的创新，从员工的创新发展到用户创新。

商机和人气

几年前，阿里巴巴网站不是这个样子，那个时候网站充满机会，让不做生意的人每天都会去看看，这个东西怎么这么便宜，这个东西怎么这么好卖，都有冲动要跳槽到这样一家公司。今天中国充满着创业的机会，阿里巴巴网站应该成为所有在创业和想创业的人寻找机会的梦想之地，但在现在的阿里巴巴网站，我们没有看到这种景象。

我们的网站越来越像一个其他类型的网站。当然，我要先道歉，我认为我们目前的改版可能是错误的，但是在公司发展的过程中，人是一定会犯错误的。我们强调这是一个电子市场，如果我们在这个领域里做得不够大，我们的优势就会减弱。但是，我们去年和前年的思考是对的。如果我们经过测试以后，上网站一看，发现不对的话，就要敢于修改、敢于挑战。阿里巴巴并不是大公司，错了可以马上改回来，这并不丢脸，错了不改才丢脸。但这次改了，可能还会出错，那就再改。阿里巴巴的文化就应该是这样的。

目前我们的网站该往哪个方向走？我觉得以前的阿里巴巴网站虽然土了点，但卖什么的都有。就像义乌小商品市场，虽然脏兮兮、乱哄哄的——以前更脏更乱，但你们会发现它很有意思，它里面充满了各种各样的产品，还拥有最宝贵的东西——商机和人气。

我们整个网站目前的驱动力是销售，整个网站不是给买家看的，而是给卖家看的，尤其是诚信通客户。但一个网站，如果走为大型卖家服务的路线，就是死路一条。大卖家不是我们的一切，虽然我们需要大卖家。我前两天在象山参加海钓节，里面有各种各样的小海鲜、大海鲜，脏是脏了点，但是人声鼎沸。大卖家是什么呢？打个比方，就像在吃海鲜的摊位上搞一点品位，在客人吃完以后送上两个蛋糕，再弄杯咖啡放在那儿，明知道有没有蛋糕无所谓，但是有一个蛋糕，就会让有品位的人走进来。

我们现在把蛋糕越做越大，但海鲜城越来越小。我昨天在网站上看了很多大卖家，我点击一个，进去看了一下。你们知道其中有多少人真正成交了？后面的跟帖你们看过没有？在阿里巴巴上，交易最多的都是中小型买家和卖家，他们需要的就是一对一的搭配。我们的客户是谁？就是中小企业和个体经济。

中小企业和个体经济提供了中国70%的就业和74%的税收，这才是我们最大的市场。所以，大企业需不需要我们？不需要我们。国有企业有国家照顾，跨国企业有跨国资本照顾，只有中小企业需要阿里巴巴的帮助。从过去到现在，再到未来，我们永远帮助全世界的中小企业和个体经济，帮助它们成长，帮助它们生存，帮助它们发展。这是我们要紧紧抓住的东西。

今天我们可以找一个大卖家忽悠一下，明天其他的对手也可以找个大卖家忽悠一下。而我们要做的是，在我们的网站上，中小企业可以各取所需。比如，卖家有五六台纺织机需要卖掉，而买家需要增加五六台纺织机。这样，活跃的市场才有真正巨大的支撑力，我们对中国经济才是有贡献的。

这几年下来，没有诚信通就没有今天的阿里巴巴中文站点。也可以这么说，没有阿里巴巴B2B、中国供应商、诚信通，就没有淘宝、支付宝，也没有阿里软件，更不可能收购雅虎中国。如果我们不走出自己的圈子，**一味地以销售为驱动，而不是以使命感为驱动，不帮助别人成长，不帮助别人创造价值，越往前走，我们越担心。**

我们不做，一定会有别人做

所以，我们每个人都要高度关注谁是我们的客户，我们能帮他们做什么。谁是我们的客户？是4200万家中小企业和个体经济。今天诚信通会员是20万，如果说中国有2000万家中小企业，那我们只做了1%；如果是4200万家中小企业和个体经济的话，那我们连0.5%都没做到。所以，这个市场非常大。今天如果我们自认为是老大，不帮助中小企业，就会像当年的易趣一样。整个中国的互联网用户达到8000万，他们有四五百万用户，便自认为已经占有了90%以上的市场，而我们则专注于7500万没有在网上购物的人，结果淘宝赢了。今天我还想说，中国有2000多万家具备成为诚信通会员条件的企业，如果我们现在只做到了20万家，就说自己是老大的话，那还有1980万家的企业会被别人瓜分。

我们不做，一定会有别人做。一旦有人超过了20%~30%的市场占有率，后面的人就非常难追。我真正担心的不是淘宝，不是支付宝，不是阿里软件，也不是雅虎，而是缺乏危机意识的阿里巴巴B2B。

我们要改革自己。我坚信我们可以做到超过一亿的访问量，坚信凡是中国优良的中小企业，都应该成为我们的客户。我们面临的挑战是，要以中小买家和卖家为驱动力。我希望我们的网站能让任何一个不做生意的人看见后都有一种想做生意的冲动。每个家庭里都会有做生意的人，我们希望大家看到每条商机时，都会给亲人打电话，让他们赶紧到阿里巴巴去。只有当你看自己的网站感到激动的时候，这个网站才能使别人也感到激动。

阿里巴巴今天就是围绕着“帮助中小企业，使天下没有难做的生意”这个核心生存、成长和发展的。我们通过阿里巴巴网站给中小企业创造商业机会，通过阿里软件，通过培训，用IT来帮助中小企业成长。在中小企业最痛苦的时候，我们与银行合作，共同帮它们解决融资问题。

阿里巴巴没有进步就相当于是在退步，去年阿里巴巴Alexa排名[①]是三十几名，今天排到100名以后，出了什么问题？我相信大家很努力、很认真，我也看到很多人在加班加点。当我们所有人都在努力，但还是没有取得进步的时候，我们该做些什么？是不是方向出了问题？

大家都爱这家公司，所以我希望公司能倡导拥抱变化的理念。我们要再

---

① Alexa排名是指网站的世界排名，是当前较为权威的网站访问量评价指标。

度强调今天的阿里巴巴该变化了，我们不努力，别人就会把我们的市场一块一块地切走。今天垂直网站在切，明天横向网站在切，今天这样切，明天那样切，我们的市场会被人家切成一块一块的。

我想跟大家说，为了不被人家一块一块地切掉，我们应该在网站的访问量、客户的定位上进行创新，我们必须在这些方面采取一些举措。

我们碰上了危机，发展放缓了，我们的网站成了做给付钱的卖家看的，而不是真正帮助中小企业成长的。所以，我希望这一点能够引起大家的高度重视，在关键性项目上，我们需要在网站上进行开放的大规模思考。我们以前在阿里巴巴英文站讲两个“凡是”：凡是中国供应商的东西不能碰，凡是中国供应商销售的东西不能碰。两个“凡是”使得英文网站这几年一直在发展，说明它是正确的。没有这两个“凡是”，也不可能有这几年的收入，而我们在中文站战略上也会出现“凡是诚信通的不能动”，但是这样下去，我们不会有出息。

事实上，我们越是这么做，输得越快。我们不仅有关键的项目，而且也希望有层出不穷的点点滴滴的小创新。

我们阿里巴巴面临着巨大的挑战，这个挑战来自哪里呢？我们的团队现在被稀释得很厉害，公司在高速成长，淘宝需要人，支付宝需要人，阿里软件需要人，雅虎需要人，它们第一个想到的就是到阿里巴巴来拿。所以，我们今天这个管理团队的干部就被稀释得越来越厉害了。但是我们没办法，我们不得不往前走，不得不把阿里巴巴的干部投入淘宝，投入支付宝，投入其他公司。

海量、诚信、互动

以前我说过，我们一年的努力换来十年的成果，而在未来五个月到六个月，公司会全力支持阿里巴巴B2B在网站、服务、产品上进行大量的改革。这些改革会换回我们五年的长久发展，并把对手落得更远。我们的客户里面最多的是制造业企业，可能很多是贸易商，我希望引进大量的服务提供商。我们今天要真正为客户、为中小企业提供实实在在的服务。

跨国公司有国外资本做代言人，国有企业有国家做代言人，而阿里巴巴要成为全中国乃至全世界中小企业的代言人。我们代表着中国创造70%的就业机会和提供70%以上税收的中小企业。今天中国没有人在替它们着想，我们应该用IT和电子商务帮助它们，并跟银行合作，帮它们解决融资方面的一些问题。

只要人类社会、商业社会存在，中小企业就会永远存在。如果没有人愿意帮它们，阿里巴巴就要去帮助它们。我们就是围绕着这种使命感来展开业务的。中小企业需不需要大企业买家？需要，但更需要无数实实在在的小买家。

还有一点，我们要把卖家变成买家。今天淘宝网站所有人思考的东西都来自阿里巴巴，没有一样东西是脱离它的。

网站的一切，包括创新在内，都源于三个关键词：海量、诚信、互动。海量，是指数量。诚信，只有产生了交易，才谈得上有没有诚信。互动，是判断网站好与差的唯一标准。如果网站80%的内容是用户提供的，就是好的网站；如果网站80%的内容是自己编辑起来的，就是烂网站，因为网站每天都靠自己写内容就是死路一条。所以，淘宝今天90%的内容都是来自客户的。

当然，这几年来，我觉得我们犯了一个很大的错误，我们是靠网站生存的公司，居然没有在网站上投入。“百年诚信”“百年阿里”“百年大计”，在这一大堆“百年”里，居然没有“百年网站”。我们对网站的人才，如工程师、网站编辑等投入的太少了，没有给予足够的重视。痛定思痛，我们决定成立“百年网站”，把优秀的人才集中在一起。淘宝的编辑可能没有那么多，但是有层出不穷的想法，而且淘宝现在不收费，一切以让客户满意为目标。而阿里巴巴的会员都是付钱的，所以我们更应该让客户满意。

其实，淘宝思考的就是买家正在思考的。我们当时围绕着卖家来做淘宝的时候，就一直坚信一点：淘宝上最好的买家就是淘宝的店主。阿里巴巴上最好的买家是谁？就是那些卖家。天下没有哪家公司是永远只卖不买，或者只买不卖的。只要把20万诚信通会员买和卖的行为都集中在阿里巴巴上，我们就基本成功了。

当你拥有这些数量的买家和卖家，并把这些买卖行为都搬到网上的时候，你就天下无敌了，这才是真正的访问量。我们是一家正在创业的小公司，才经历了八年的时间，还有94年要走。我们除了靠自己不断创新之外，干吗不能学习一下别人呢？但是，各家公司是永远没法完全相互模仿的，如果我们真正以服务为出发点，哪怕向别人学习，也是为了更好地服务客户，而不是为了单纯的模仿。

我们要学习如何真正帮助客户成功，我们的网站是为中小企业和个体经济服务的，不仅为供应商服务，也为买家和服务提供商服务。中国有4200万家中小企业和个体经济，在这4200万中小企业和个体经济中，如果有10%成为诚信通会员的话，就是420万，而我们今天只有20万，就是10%这么小的市场占有率。所以，我们的市场潜力非常大，这是一个巨大的机遇和挑战，也是一个危险的机会。

所以，我真不希望看见有一天——就像2003年和2004年一样，我们开一个大会，宣布整个公司要不惜一切代价、采取一切措施挑战eBay，击垮eBay。竞争对手也说要不惜一切代价、采取一切措施击垮阿里巴巴。我们要在人家进入这个领域之前，就打破他们的这种美梦。

改变这个现状不能只靠几个人，要靠我们共同的努力。从现在开始，我们请公司的每个员工都去想一下：我们能做些什么？我们部门能做些什么？这四五年来，我们的组织结构没有调整过，这样做是不是科学？我们当年的设置，现在需不需要调整？

我们需要挑战

当年，我们为了竞争采取了一些举措，过了这么多年，后面的人并不知道为什么要这么做。就像在行军中，前面的人跨了一步，后面的人也跟着跨了一步，但前面的人为什么要跨那一步？可能只是因为腿被蚊子叮了一下。

我们的流程有没有问题？我们的习惯思维有没有问题？我们敢不敢挑战我们一直认为对的东西？我们的文化是什么？撒手锏又是什么？

你一贯认为正确的东西，也许当时只是出于竞争的需要，那样做或许原本就不够高明，于是后来就显得越来越傻。我们问：为什么这么多年来我们没有进步，阿里巴巴网站也没有重大突破？虽然我们现在战略很清晰，也开始采取一些措施，但还需要每个人都行动起来。我们需要挑战，因为我们太封闭了，尽管改变这么多年来一贯认为是正确的东西是很难的。

我们现在有两个“凡是”：凡是中国供应商的东西不能碰，凡是诚信通的客户绝对不能碰。有这两个“凡是”，我们就永远不会进步。

我讲一个笑话。一对夫妻生了个孩子，却一个礼拜都没想出名字来。然后，爷爷一脚踢门进来说，你们不要想了，孩子的名字里一定要有一个“根”字和一个“宝”字，其他随你们挑。那孩子的名字只能叫“根宝”了，因为你已经做了限制，就没有什么可选择的余地了。我们今天也是这样，两个“凡是”挡在这里，进行改革也是没有希望的。

我们所剩的时间不多了，阿里巴巴已经成了众矢之的，所以我要再度强调一下，如果说我们自以为胜利了，那麻烦就大了。我们把销售的铁的管理纪律应用到了网站的管理上，在某种程度上，这使得管理体系越来越完善，但对创新的扼杀也越来越严重。网站需要创新，需要更好的用户体验。

第10章

不怕馊主意，就怕没主意*

* 2007年6月13日，对阿里巴巴英文站的讲话。

◇不创新自己，阿里巴巴将会消亡。

◇阿里巴巴国际站是公司的小学生，诚信通是初中生，淘宝是本科生，支付宝是研究生，阿里软件是博士生，雅虎是留学生。

◇人只有真正认识到自己不对的地方，看透了，才可能进步。

◇我们不改变自己，竞争对手就会改变我们，市场就会改变我们。

◇改变世界的一定是你自己。如果你不能影响你的团队、领导和周围的部门，再有能力也是假的。

不创新自己，阿里巴巴将会消亡

最近，阿里巴巴国际网站的情况让我睡不着觉，我今天想和大家进行一次彻底的沟通。

四年以来，我讲得最多的就是要把英文站点改变一下。但是，从某种程度上来说，英文站每年并没有太大的进步，这就相当于是在退步。所以，我想现在也许是把英文站进行彻底改造、彻底提升的一个最好的时机。

以前，我们阿里巴巴英文网站氛围较好的时候，是很多员工和同事在编辑英文买卖新闻、买卖商机的时候，连我们自己都有去创业的冲动和欲望。当你看到那么多商机的时候，甚至希望打个电话给自己在做生意的亲戚，说阿里巴巴网站上有这样的机会，应该去做。但是，这种状态我们现在看到的并不多了。

现在，我在公司里最不愿意走过的地方就是英文站所在的七楼，因为我觉得气氛有点沉闷，就像我们的网站一样。虽然我承认大家都很认真，但是我看不到大家的进步。

现在，有了新团队的加入，我希望这次是把国际网站变回原来的“世界联合国”的最好机会。当年，当我把阿里巴巴网站打开的时候，我自己也很激动，我觉得我们就像一个联合国，有100多个国家的国旗在上面飘扬，我们在上面买卖的商机，每个人看了都会激动和感动。编辑的人感动，看的人更感动，也就有了创业的冲动。但是现在，我觉得这些信息看和没看，没什么太大区别。

阿里巴巴现在面临着很大的机会和挑战，我感谢所有英文站的人，没有你们的努力，我们今天不可能在中国的B2B领域创造这样的奇迹，我们不可能活下来；没有你们的努力，也不可能诞生淘宝、支付宝，不可能收购雅虎，不可能创造阿里软件，整个公司不会是现在的样子。

但是我认为，**不创新自己，阿里巴巴将会消亡**。几年前，我们根本没把竞争对手看在眼里，但是现在我们必须关注竞争对手的情况了；几年前，我们根本没有想过网站流量，现在我们开始想了。我记得四五年前就讨论过，我们的阿里巴巴英文网站再这样下去，就会变成中国供应商的网站。

我记得当时开会的时候，我们非常警惕、非常害怕。当然，没有中国供应商，公司就没有收入，没有收入，公司就活不下去。我们阿里巴巴的铁军是销售团队，但决定成败的是脑袋、是网站。我永远坚信一点：网站强，客户强；网站强，销售强。但现在，我们的网站非常弱。

我希望让每个人都睡好觉，所以从现在开始，阿里巴巴的网站要进行彻底改变。我们有时在思考，淘宝为什么能做得那么好？我觉得是因为淘宝的所有思考都是基于“坚持以客户为导向，坚持帮助客户创造价值”这个原则的。

而在国际站，我们开始缺乏创新，气氛也开始变得沉闷。我发现很多人在工作中都是机械的执行者，对工作的态度是“我只是在做一份工作”，而不是在做很激动人心的工作，不是在创造价值，不是在帮全世界的买家和卖家寻找机会。

我现在在想，阿里巴巴网站，特别是英文站点，已经到了需要全面提升、全面改革的时候。我们的客户究竟是谁？是全中国乃至全世界的中小企业。现在，我们的网站和推广都向销售倾斜，这样下去，会对我们的网站越来越不利。

中国供应商我们要不要做？要做，人家毕竟一年给我们付四万到六万块钱。怎么做？我们到海外做展览会帮他们推销产品，给他们找来了买家，但我们有没有想到，可以把这些买家真正变成在线买家？我们现在的想法还是在向中国供应商销售，这是目前我们网站的整个理念。

今天早上，我仔细看了几个竞争对手的网站，我觉得我们还是拥有很多独特的东西的，但我们并没有进行网站的基本建设，在四五年前提倡的东西，我们今天并没有去做。

我们没有做海量和专业的信息，也没有在互动上做文章，我们很多人都没有想过做这些去吸引买家，只想着直接找买家。现在考核的是每天要有750万网页浏览量，但这不是我们真正想要的流量，真正的流量是我们提供给客户的那些商机。如果我们看到自己的网站会感到激动，那我们的客户也会感到激动，而我们现在都变成了在机械地工作，这会使客户也机械地工作。

我们需要激励，需要不断创新。阿里巴巴网站成立八年来，这次可以说是最重要的一次创新。为了英文站点的崛起和进步，我们要通过创新来支撑我们二三十亿元的收入。我们拿客户的钱，要真正为客户做事情。

三四年前，我们的精力集中在做中国供应商的内容上，今天我们再也不能这样了。“凡是和中国供应商有关的东西都不能动”，这句话我们要拿掉。我们每个人都要想一下，阿里巴巴的使命是什么？当年创办这家公司的目的是什么？

在形势最好的时候提出问题

B2B给整个阿里巴巴电子商务打下了基础，成就了今天的阿里巴巴集团。我开玩笑说：阿里巴巴国际站是公司的小学生，最辛苦，穷人的孩子早当家，四五年前就开始踏踏实实地做销售、做网站、做反馈、做展会，让公司活下来；诚信通是初中生，初中毕业也开始养家糊口，一点一点往前走；淘宝是本科生；支付宝是研究生；阿里软件是博士生；雅虎是留学生，从海外回来什么都没搞清楚，学历越高，执行力越差。阿里巴巴的执行力和铁的纪律真的做得不错，但我们的创新做得还很差。

我们并没有突破自己，我们的一只眼睛看的只是中国供应商，另一只眼睛看的是诚信通，看怎么能把诚信通卖得更多。没有使命感、没有头脑，就会形成恶性循环，所有的工作都是围绕销售而做，这种状态应该到此为止！

我们所剩的时间已经不多了，大家的学历和能力比八年前阿里巴巴的这些创始人不知道强多少倍，为什么我们还会下滑？因为我们没有进步，而别人在进步。五年前，我们意识到英文版做得不好，于是就把网站改得干净一点、简洁一点。这是改革。改革以后出现什么情况呢？那时候就拉中国供应商，网站规模越来越小，形成的趋势是走一条线。我们的使命是帮助全世界的中小企业进行买卖，我们希望看到各种各样小的机会，但我们需不需要沃尔玛来网站采购？我们需要。

我可以把阿里巴巴比作一个海鲜大排档，几百人在这里吃各种各样的海鲜，但是有些讲究的人在吃完海鲜之后，希望还可以弄个蛋糕吃。可是到海鲜市场来的人主要是为了吃海鲜，不是为了吃蛋糕，而我们的蛋糕越做越大，海鲜倒没有了。

我们需要的是无数小买家。比如，日本的工业制造商说他们有五台车床已经退下来了，需要换更好的车床，中国的很多小企业就可以买这些退下来的车床，因为这些车床在中国已经算是技术很高的了。有无数这样的机会存在。

我们希望帮助国外的中小买家找到国内的卖家，帮助无数国内的中小卖家找到荷兰、西班牙等国外的买家。这是阿里巴巴的独特之处。

我们希望看到的是今后有五万家中国供应商、六万家日本供应商、三万家韩国供应商和四万家阿根廷供应商，形成供应商交流的基地，变成“买家就是卖家，卖家就是买家”的市场。这个理念在淘宝实施得非常好。淘宝这几年坚定不移地走这条路线，所以网站的纯网页浏览量达到了1.7亿，因为它创造了价值。

我们觉得今天阿里巴巴还是有很大的机会的，我们在全球的商业网站的网页浏览量排名中还是第一名。不管别人如何来竞争，我们目前在进出口领域还是第一名，在国外，我们的品牌也是不错的。我们相信五个月、八个月以后，阿里巴巴在进出口领域的品牌还会遥遥领先。但是，我们如果不对网站进行改造，仍然是不行的。阿里巴巴英文网站的技术架构是最早做的，但是到目前为止，我们的技术架构也是最不好的。我们的技术部门为什么不改？我们一定要改，不改我们会死得很惨。我们提出问题的时候，永远都是阿里巴巴形势最好的时候。今天，阿里巴巴有钱有人，也有品牌，未来四五个月可能是阿里巴巴的巅峰时期[①]，这个时候该进行大规模的创新和改造。

我希望这次我们的改造是彻底的文化上的改造，我觉得我们偏重于管理，缺乏创新。我们把销售的文化带进网站，网站和销售的文化差异大家都应该知道。我刚刚见过在欧莱雅公司工作过的人，他说欧莱雅的销售是铁一

---

① 五个月后，2007年11月6日，阿里巴巴B2B业务在香港挂牌上市，融资16.9亿美元，一度成为市值最高的中国互联网公司。

般的军队，但是欧莱雅在产品创新方面很少约束员工，欧莱雅不断鼓励大家创新，不是以管理为驱动力，而是以创新为驱动力，以客户价值为驱动力。这次会议，我们希望开始重建这家公司，我们需要真正采取一些行动。

我们看到客服中心和直销人员的激情很多。大家有空也可以去看看淘宝网，就可以感觉到背后涌动的东西。

我希望在英文站的改革过程中看到很多的激情，我们要走出自己的风格，坚持自己一贯认为对的东西，只有挑战自己才会有前途，否则我们只能成为模仿者、跟随者。

管理不是为了自己方便

20世纪70年代末、80年代初，我在杭州西湖边学英文，看到很多老外来锻炼。一个老外说，你能不能教我做广播操？后来，有十几个老外跟我学做广播操。我在指导他们的时候，回过头去看一看他们，他们就把回头当成广播操中的一个动作，第二天每个人都做这个动作。今天，形势变了，但我们阿里巴巴还是在做类似的愚蠢动作。我们自问：这对不对？为什么要这么做？一定要明白自己为什么这么做。我不知道英文站点的组织结构对不对，不知道你们的网站建设是以管理为驱动力，还是以真正解决问题为驱动力的。我已经听见、看见有些部门的管理者这样说，这很复杂，管理起来太麻烦了。管理是为了什么？难道仅仅是为了方便自己吗？

我们也在问，今天我们管理的理念是什么，管理的目的是什么？管理是为了让我们的员工去满足客户需求，而不是为了方便自己。自己怎么方便怎么来，那就麻烦大了。所以，我们的网站出现了很多问题，这些问题可能就出在我们的管理层上。

阿里巴巴的兴亡，每个人都有责任。人人都认为这是经理的事情，跟我没关系，那就麻烦了。虽然这是经理的事情，但是普通员工也有责任。

我可以这么讲，七年前，英文国际站的发展速度远远超过今天。今天，英文站的人数不知道是七年前的多少倍，无论是技术人员还是网站编辑人员，素质都比那时强，为什么我们现在发展速度落后了？我不知道为什么，但一定有问题，所以每个人都要反思自己。

史玉柱说，人只有真正认识到自己的错误，看透了，才可能进步。对于我说的改革，大家同不同意？同意的话，就往前走，层层行动起来。我们将会采取很多行动，来改变大家的行为。我们希望看到结果，希望看到网页浏览量提上来，但这里面的网页浏览量不能是垃圾，不能违背我们的价值观原则。我们希望客户能感受到这种改变。

我们今天的机会在哪儿？今天，我们还是全世界最好的B2B网站，在全世界的进出口网站里，无论是访问量、品牌和技术能力，还是人才储备、资金储备和客户支持，我们都是比较好的。但是，如果我们不往前跑，就会落后。

我们既有机会，又面临着挑战，所以我今天希望能全面提升阿里巴巴网站。对于技术部门，我们希望大家能像当年一样充满激情、奋力拼搏，保质保量地做好工作，尽快改变阿里巴巴网站的架构。我们的网站要走向开放，我们要欢迎各国的供应商出现，我们希望出现“联合国”的效应，而不仅仅是中国供应商的效应，我们要引进更多的买家，使其变成我们真正的用户。

我们不改变自己，竞争对手就会改变我们，市场就会改变我们。我希望在国际站看到拥抱变化的能力，我不怀疑大家的诚信，不怀疑大家的激情，也不怀疑大家的敬业精神，但我希望这次大家能真正拥抱变化、改变自己。

这两年，阿里巴巴碰上的最大、最头痛的问题，就是我们管理层的领导力开始严重减弱。但是，我们现在没办法，我们的战线拉得稍微长了一点点，大批人进了淘宝、进了支付宝、进了阿里软件，还有大批人在雅虎上花时间，所以我们管理层的整个团队非常薄弱。

以前我们有大量的资源、精力，特别是人才聚集在这里，但今天我们面临的状况是，我们没办法，我们必须四处抢占这样的市场，我们对未来的市场要有战略布局。我们今天的营业额的压力远远超过五年前、七年前，但是人才资源的配备已经不如以前了，因为我们的新人和年轻人越来越多。每个年轻人都说，要是给我一次机会，我一定能让阿里巴巴迈上新台阶。好，现在你们要的机会来了。前天我发出通知，目前B2B向外部公司的调动一律停止。

在未来五个月内，我们会冻结所有B2B人才向外的调动，哪怕是普通员工的调离，也必须由集团CEO批准。在这段时间里，我们要全面改革、提升、完善网站。我们希望未来五个月的努力，能将公司拉回到为客户创造价值、为中小企业创造价值的正轨上来，换回公司五年的发展。

改变世界的一定是你自己

这五个月内，请大家全力以赴，你们别去想东想西，你们不可能调到淘宝去，只可能淘宝的人调到这里来。不怕馊主意，就怕没主意。我们不怕行动，我们既要解决现在的问题，又要解决未来的问题。我们希望在自己的网站上多看看，在别人尤其是竞争对手的网站上多看看，有什么好的东西马上学以致用。

大量引进第三方服务提供商，除了买家、卖家，还要有服务供应商，我们希望看到把两万家中国供应商变成真正活跃的中国供应商。

阿里巴巴就是一个电子市场，就像股市一样，所有到股市里买股票的人，不会去骂上交所、深交所，他骂谁呢？他骂的是这个市场：我怎么买这只股票？这个股市不好。我们在这里创造这个平台、机会，请大家努力，一定要让买家和卖家都动起来。如果他们不努力——不去认真地选股票、买股票，那一定不赚钱。我再也不希望网站死气沉沉的。你们死气沉沉，网站也一定会死气沉沉，这样你们就会变得更加死气沉沉。现在就形成了这样一种恶性循环。

凭借我们手头上现有的资源和今天所处的地位，在中国B2B进出口领域，有多少双眼睛在盯着我们。如果我们做不好，一辈子都会后悔。你一定会后悔，我也会后悔。你们一定能感受到阿里巴巴B2B网站现在是船在河中间，你们的感觉比我痛苦，而且已经在这个痛苦中熬了很长时间。

很多人都觉得美国雅虎输给谷歌很不可思议。从战略上来讲，美国雅虎要想赢谷歌，就要在技术产品上进行大幅度的改造。美国雅虎抽调了600名工程师在洛杉矶埋头研发，准备造一门“山炮”轰倒谷歌，结果造了一年，不行。于是，赶紧再造一门“山炮”。等到两门“山炮”造好了，公司的市场已经被别人瓜分掉了。这件事给我们一个什么教训？就是凡事都要往前赶！

我们今天请来很多职业经理人，我们的思考是职业化的。大家在遇到问题时不要埋怨，这不是任何人的错。阿里巴巴B2B没有错，如果错了，我们现在就不可能有几十亿元的收入；如果错了，我们现在就不可能成为全球B2B的榜样。我们需要的是提升自己。

我们以前没有错，但今天不改变就错了，因为别人已经开始用放大镜、显微镜看我们。到目前为止，很多人还认为我们的收入是假的，认为我们是在忽悠。希望再过半年到一年，我们给世界看看真凭实据的数字。不仅以前做得好，后面的增长速度会更加好，这才证明它是一个好的模式。

加入阿里巴巴没有错。很多人觉得以前自己很能干，跑到阿里巴巴怎么变得不能干了。这就是你自己的原因了。**改变世界的一定是你自己。如果你不能影响你的团队、领导和周围的部门，再有能力也是假的。**所以，要开放思维，迎接挑战。

让我们一起努力，在未来五个月高度关注B2B网站。公司将集中所有的资源，在未来五个月对中、英文站点都进行改革，也许流量不一定会超过淘宝，但我认为中、英文网站的流量加起来达到一亿还是有希望的。有人在切我们的网页浏览量，比如谷歌和百度，这些流量原本是属于我们的。所以，我们要一起工作，拿回属于我们的东西。

第11章

占领最好的位置*

* 2007年7月29日，在阿里巴巴“五年陈”大会上的讲话。

◇我们永远把客户放在第一位，把员工放在第二位，把股东放在第三位。

◇如果我们觉得自己是因为太能干了，所以才这么有出息，那我们就错了。

◇如果局布好了，最后就算是输了，也不会输得太多。

◇出工不出力的必须严惩。

◇只有在运气好的时候冷静做事，才能在倒霉的时候避免灾难。

◇我不懂互联网技术，但我必须要看到互联网真正的商业价值和未来趋势在哪里。

◇只有真正自己去学习的人，才是高手。

自认为聪明的人，都走了

我们和公司一起奋斗了八年。八年来，我们希望和大家一起分享成功，尽管公司股东没有一个同意出让股份，因为他们觉得公司会值更多钱，现在的价格太便宜了。公司股东一股不卖，这对公司上市来说是很大的挑战。

我相信，只要员工、管理层和客户站在一起，我们还是有能力抵抗将来整个资本市场的冲击的。大家都知道，资本市场是很残酷的，不管发生什么事情，上不上市，有些东西是不会变的，那就是我们永远把客户放在第一位、把员工放在第二位、把股东放在第三位的原则。只要这个大原则不变，不管在股市上出现什么问题，我们都会坚持。

我们不会因为股市大跌、股价下滑了，就随便改变方向，因为我和阿里巴巴的员工都是股东。我们都要记住，没有客户的支持，我们不会走到现在。所以，今后的股市如果没有客户的支持，我们也不会走下去。

股市上，大部分买卖股票的人都是短期持有，今天买一点股票，一看形势不好就赶紧跑。但我们没法跑，我们得坚守在这条船上。我们永远会倾听客户、倾听员工、倾听股东的心声，但我们最重要的原则是把客户摆在第一位。

董事会和股东最大的顾虑就是公司上市以后员工的心态问题。我向董事会做了报告，还对孙正义、杨致远讲，我一定会和所有的老员工进行一次沟通和交流，特别是五年以上的老员工。

孙正义讲过一个真实的故事。当年软银在日本成立的时候，有一个女孩得到软银的一股股票。那个女孩很不高兴，说我不要股票，你就多给我点工资。所有的公司在创业时现金都是比较紧张的——阿里巴巴的创始人开始工资都比较低，淘宝、支付宝也是，雅虎有点例外。

女孩拿了一点股权，也没当回事。一年以后，软银上市了，这一股股票值100多万美元，最后涨到将近200万美元。拿了股票的员工全部变成了身家上百万美元的股东，有的人甚至变成了拥有几千万美元的富翁。于是，这个女孩就觉得自己真是运气好，就不再干活儿了，开始买房子、嫁人。像这个女孩子的人很多，他们没有一个人真正感谢公司、感谢团队。还有很多人跑去成立自己的公司，反过来挖软银的墙脚。

软银受到了巨大的冲击，股价也下滑得很厉害。那些出去的人，据现在统计，也没有一个真正做出成绩的，而留下来的那些人都很好地活了下来，而且公司的股票也越来越坚挺。

我对孙正义讲，我们阿里巴巴不可能出现这种情况，他说一定可能。杨致远也说，雅虎曾出现过一模一样的情况，eBay、微软也是，难道阿里巴巴就不可能发生这种事情吗？

我觉得，这八年来，有些员工可能是这样想的：我们也没有其他地方可去，在阿里巴巴待着挺好的，反正在这家公司也能够混下去。于是，他们就稀里糊涂地过来了。我不敢说这样想的人有80%，但至少有40%。那些自认为很聪明、很能干，应该得到更高的工资、待遇、职位和股权的人都走了，而我们这些自认为不是很聪明的人都留了下来。

我想对所有的“五年陈”员工讲，我们今天得到了一点点好处，是因为我们比别人多了一点点运气。凭什么我们可以变成百万富翁？难道就因为我们在阿里巴巴干了五年？这五年里，公司没有亏待我马云，也没有亏待任何员工。你说是因为勤奋，我说比我们勤奋的人，不要说是在中国，就是在杭州都不知道有多少，比我们聪明的人就更不用说了。那是凭什么？凭我们运气好。

如果我们觉得自己是因为太能干了，所以才这么有出息，那我们就错了。我们应该感谢这个时代，感谢中国，感谢互联网，感谢电子商务，还要感谢团队。我真的感谢你们，感谢你们的坚持，感谢你们对公司管理层的信任。

我不知道五年以后，有多少人还会留在这里，我也不知道15年以后会有多少人还留在这家公司。我希望从现在开始，我们这家公司会有干了20年、30年的员工，但愿还会有干了40年的员工。

有一种股票是炒买炒卖、做短线的，今天科技板，明天化工板，后天外贸板，如果一家公司的股票被这么炒过，那它自己也被炒糊涂了。因为任何一粒种子被炒过以后，就不可能再发芽了。股票猛涨时，管理层、创业员工全都欣喜若狂，突然掉下来了，又无比沮丧，这样折腾几下，这家公司就废了。

我关注过很多公司，被炒过很多次以后，员工和管理层就乱套了，股价上去又下来，只要一下来，股东就永远都不会再相信你。阿里巴巴上市的时候，股价应该不会太高，我们不会让股价走得太高，因为如果一开始上市就卖得很贵，就不能让股东赚钱。

他买进的时候是十块钱，然后你说公司的市值是十一块钱，他只赚一块钱，那他一点兴趣也没有。如果我们值八块钱，我们五块钱卖出去，赚了钱，他就会觉得这家公司很好，就算有一天股价掉下来，他还是会买。买过股票的人基本上都是这样的，如果觉得这公司很好，就会永远关注它的股票。所以，我们要让股东赚钱。

除了短期持有的股票，还有一种股票是作为中长期投资的。回报率一般是5%～7%，好的话能达到10%，这取决于行业、产业和整个公司运营的竞争环境情况。有些公司的股票可以长期持有，留给子孙后代。我有一个朋友参加了巴菲特的股东大会，他说15年前，他爸爸给了他十股股票作为生日礼物，100美元一股，一共1000美元，现在这十股股票已经值2.8亿美元。他现在把这2.8亿美元变成了基金，留给子孙后代，让他们可以永远靠这些钱生活。

要有持久的心态

互联网一定会影响人们将近30年，从B2B到C2C，到门户体系，到搜索引擎，再到软件，我们基本上都占领了。这就像下围棋，你要先占领最好的位置，然后才是执行。只要执行力不错，原则上我认为在10到20年之内，我们应该能在亚洲甚至在世界范围内做得很好。

下围棋的人都知道，如果没有事先布好局，后面肯定会乱套。**如果局布好了，最后就算是输了，也不会输得太多。**我们18个人当初在湖畔花园的时候，每个人签一张纸，总共凑了50万元，没有人知道以后会怎么样。我说这张纸交给你外婆，锁在抽屉里，忘记它。我们都知道，做互联网公司，10,000家里可能有9999家最后会死亡，只有万分之一的机会能走得长久。最后，我们走出来了。

我那时候说，大家是否喜欢我们的工作氛围，是否对我们今天所做的事情感到开心。是否对自己每天通过努力得到的工资和奖金感到满意？如果对这些都感觉不错的话，你应该把自己的股票拿一点点出来，买个车、买个房，其他的你就留给你的儿子、女儿、孙子，让他们传下去。

我真的不希望看到“五年陈”的员工有暴发户的心态。中国最先富起来的那些人，没有一个坚持下来的，就是因为有暴发户的心态。我想跟大家说，如果你们有三四百万、两三千万元的收入，想凭这点钱去做投资？你去看看中国有几家公司的股票、业绩和团队激情能跟阿里巴巴比？从组织结构、价值观、使命、团队、行业来看，你很少能再找到一家像阿里巴巴这样的公司。你把几百万元投资给其他公司，结果可能会很惨，这是你没有办法控制的，只有自己的公司才是最好的。阿里巴巴公司的股票是最好的，而阿里巴巴公司的控制权是掌握在你们手上的。你们记住，你们可以影响到其他几千名员工。

在三五年前，阿里巴巴的18个创始人如果把股票卖给孙正义，卖给所有的股东，我们早就不用干活儿了。你们感觉得出来他们是创始人吗？他们的努力并不比任何员工少，这些东西感染着你们，而你们的努力又感染着新员工，这样大家都会对公司有信心。

我怕大家变成暴发户，大家一旦产生暴发户的心态，就会把钱投到其他公司，然后贬值。这样的心态不好，也会使生活乱套。今天让我投资股票，我就会在全世界的公司中选择阿里巴巴，因为我知道我们能掌握它的未来。其他公司就是炒概念，涨得高，掉得也多。对于股市，我不敢说自己是个专家，但是我坚定地相信，我比公司里大多数人都懂。

我不希望看到有些人在公司里说：拜拜，你们继续辛苦努力吧，我去享福了。这种只想着享清福的人，我很少看到有成功的。阿里巴巴很讲究团队合作，你离开了，要再去找这样一个团队很难。

最近有人给我写了一封信，这人离开阿里巴巴了，加入了竞争对手那边。他说本来他以为那也是一家很好的互联网公司，但没想到里面乌烟瘴气的，所以特别怀念阿里、怀念淘宝，问能不能再回来。很难了，我觉得对于加入对手那边的人，阿里巴巴永远不会欢迎。

想想看，你的同事加入了对手那边，看形势不好又回来了，这是放出什么信号？如果对方打败了我们，那个人还会回来吗？不会的。所以，我想告诉大家，如果别人尤其是竞争对手来挖你，觉得你是从阿里巴巴出来的，对你的期望值非常高，你自己应该知道这是整个团队带给你的。所以，如果对方真要挖，那你把我也一起带过去算了。

被挖走一两个人，会不会对团队产生影响？会，但是不会影响到大局。因为经过这么多年的配合，我们每个人都像螺丝钉一样将各个部门牢固地拼接成一个团队。面对这样一个团队，挖一个普通的员工或干部去有什么用呢？

讲到公司的价值观考核，有没有人说特别喜欢考核？我相信没有。但是有一点我要告诉你，如果你被考核了五年，突然不被考核了，那你也会感觉很痛苦。如果你在这个公司里待了五年，突然发现团队里变得尔虞我诈，没有纪律约束，你会沮丧到极点。我觉得虽然我们的空气并不纯净，但是比绝大多数公司的空气纯净多了。所以，我希望大家维护好这家公司，这是我们要共同生存、发展100多年的环境。

你们去数一数上世纪80年代有多少万元户，有多少能坚持到现在的。那个时代的万元户是不得了的，我在1988年参加工作的时候，工资是89块钱。我们这些人中，现在有很多人认为自己拥有很多财富了，但这点财富不够让你们这辈子活得开心，也不能保证你们的子孙后代衣食无忧。我告诉大家，中国至少有60万家进出口企业，而我们才做了3万家，还有57万家，而且进出口企业的数量还在不断增长。我们离富有还太遥远，我们还有很长的路要走。当一个人自认为很富有的时候，他可能就开始走下坡路了。

中国的B2B垂直网站会迅速发展起来。B2B是一个产业链，是不可能靠单枪匹马发展起来的，因为首先会有人才的竞争，然后是规模的竞争和资本市场的竞争。经过这些竞争，很少有垂直网站能活下来。如果有很多人请你去其他地方发展，我并不阻碍大家，这是大家的权利。

出工不出力的必须严惩

公司希望有更多的年轻人一同在这里成长、发展，但是如果我们要离开阿里巴巴，一定不会进入互联网领域，包括我自己，这涉及职业操守和道德的问题。如果你感谢这家公司，就不会希望其他任何一家公司去破坏自己创建的公司。这正是GE能走到现在的原因。离开GE的高层领员并没有加入竞争对手，他们都觉得GE给了自己第一笔财富，所以不能做任何伤害GE的事情。只有这样一批有意志力和勇气的员工，才会让一家公司得到持久的发展。

如果一个人以前在一家很大的企业，离开以后却想办法来挖员工、破坏团队，那他的人格和心态就是扭曲的，他在否定原来的战略、投资和价值观的时候，也否定了自己所做的工作。

所以，我想告诉大家，我不怕有同事想加入竞争对手，但是从某种程度上说，如果你们加入的话，下半生就不会完整。这种人也会永远被阿里巴巴拒之门外。

我们这个行业的融合度越来越大，今天已经很少有人会说做B2B的就不会和做搜索引擎、门户网站的发生竞争。那么，难道说各位离开公司后就不能再进互联网公司了？我觉得可以。只要你自己心里有把握，不会跟阿里巴巴竞争，涉及阿里巴巴的任何项目都不要做。

阿里巴巴有一个外籍员工的老公，原来在阿尔卡特工作，后来被北方通信挖去了。进去之后，北方通信的人问他，阿尔卡特是怎么做的？他一拍桌子站起来说，你们请我过来做的生意跟阿尔卡特没有关系，我永远不会做有损阿尔卡特利益的事。后来，他得到了北方通信所有领导的尊重。

总之，第一，财富离你还很远。第二，如果你加入其他公司，加入竞争对手，你赢的概率可能更低，甚至可能会失去手上的财富。第三，我们这些人在未来的一两年内，必须比其他员工付出更大的代价。如果有些人每天早上开着跑车上班，心里想着：既然马总说不能离开，那我就不离开，反正我还有淘宝和支付宝的股票，就耗个五年，公司在替我赚钱，我就永远不干活儿了，这儿逛逛，那儿逛逛，也不需要努力工作。这才是最大的灾难。

我们最讨厌、最担心这些身在公司心却不在的人。如果发现公司里有这样的人，我们一定会采取措施，一定不会让这样的人继续留在公司里。出工不出力的必须严惩，不然我们就对不起新加入的人，对不起勤奋的人，对不起信任我们的股东，对不起未来。这是我最想强调的。

我们感谢这个社会，我们之所以取得今天的成绩，不是因为我们如何聪明，而是因为我们运气太好。人如果不为自己的好运做一些事情，就一定会付出非常残酷的代价。所以，要对自己的好运气心怀感激。我们的财富难道不是在这里工作了四年、三年、两年、一年的员工创造出来的吗？你们想想看，就凭我们这几条枪——这里的“五年陈”，大家扪心自问，可不可以使阿里巴巴集团发展到今天这样的程度？不可能，因为这是后面的人一棒接一棒努力的结果。

我们18个人，就算每个人像哪吒一样，也不可能做得更好。如果没有新人，公司怎么会有今天？所以，我们要感谢他们。在未来的三五年里，我会高度关注每个人为公司做出的贡献，尤其是“五年陈”，你们已经进入阿里巴巴关注的核心人群中，而你们也应该更努力地回报我们的客户。

我还希望所有的人积极地去做慈善，但我们不希望所有人都大张旗鼓、浩浩荡荡地去做。慈善不应该只停留在聚光灯下，而应该像做生意、像销售一样，必须落到实处，要注重结果。如果有可能的话，每个人哪怕是捐一块钱或十块钱，我们都要用这笔小小的钱去做一些我们认为对的事情。我们要懂得感恩，我们每个人获得现在的财富，不是因为我们自己有多好，而是因为我们够幸运。所以，我们要学会分享。

我们稀里糊涂地做了淘宝，支付宝在后面跟进。当我们跟eBay的竞争处于胶着状态时，雅虎投了十亿美元进来。当然，我们也付出了代价。我们聪明吗？不，比我们聪明的人有的是，当然我们也不傻。我们是很努力，我们也犯错，但犯错也是要讲运气的。

碰上优秀的对手

在整个大环境里，确实会有运气好的时候，也一定会有倒霉的时候。**只有在运气好的时候冷静做事，才能在倒霉的时候避免灾难。**在运气好的时候，如果我们不懂得感谢别人，不懂得感谢同事，不懂得感谢公司，认为自己什么都可以做，那倒霉的种子就埋下了。

我看过太多的公司、太多的人，基本上都是在运气最好的时候把倒霉的种子埋下去的，然后所谓的噩运就接踵而至。今天，我感谢大家，感谢公司，感谢中国，感谢电子商务，当然我也感谢我们的竞争者，感谢你们使我们更加相信自己。

让我们做出承诺，大家一起努力，帮助其他同事，为阿里巴巴集团创造一万个百万富翁。如果说现在有2000股、3000股、5000股的人都能够成为百万富翁的话，那么现在你们有20,000股的人都变成了千万富翁。在帮助别人的时候帮助自己，帮助自己的时候帮助别人，我们公司绝对有这个机会，可以创造一个奇迹：中国一家公司就可以创造一万个百万富翁。

我觉得只有让后面的人先帮助我们现在的人富起来，再让后面的人也跟着富起来，这样才会形成一个良性循环。我不希望看见公司像杨致远和孙正义说的那样，会走软银、雅虎和eBay走过的老路。我想告诉大家，我们要证明给股东、董事会看，证明给竞争对手看，证明给世界看，我们会坚持为这家公司创造一万个百万富翁。

一个优秀的员工，在股市下滑的时候照样会坚守。股市可能会出问题，在半年一年以内，没有一样东西可以持续在高位运行。昨天我们是在启动上市的程序，但并没有正式决定上市。如果9月份、10月份股市出现暴跌，股灾出现，我们也不会愚蠢到将公司每股值一二十块钱的股票，以两块钱的价格卖出去，我们又不缺这个钱。不管股市出现什么风浪，我只想告诉大家，我们这家公司已经很值钱了。今天布的局会让我们走得更远。

当然，阿里巴巴也面临着灾难。B2B英文站点最强大的对手是谷歌，谷歌正在全面进入外贸领域，而且其搜索排名点击率越来越高。而我们的英文站点，虽然销售团队很强，但是在网站的建设、技术的更新上有非常大的问题，所以我们今天要进行改革。

想想国际网站，我们的对手是世界一流的，谷歌是拥有1300多亿美元市值的公司，拔一根毛出来都不知道会有多少公司被打倒，何况我们B2B今天这样的状况。英文站点的技术人员总共只有18个人。18个人在对抗着谷歌这样的对手，所以我们要求全公司各个部门对英文站点给予密切的关注，并提供所有强有力的支持。

在B2B方面，有65%的营业额来自B2B国际站，也就是说，是这18个工程师在支撑着这些流量。现在，我们处于一种危机状态，必须在两三个月以内彻底扭转这个局面。因此，我们要从阿里软件、淘宝、支付宝、雅虎中国抽调优秀的工程师到这个团队里。

今天，B2B作为老大，第一个站在了“拳击擂台”上，这是真正的世界级“拳击擂台”，我们要给它配置好优秀的人才，配置好优质的拳击手套、牙套。如果要抽调阿里软件的人，阿里软件你们别说No。我们今天需要有像志愿兵一样的斗志，淘宝、支付宝、雅虎都要有这样的心态。我们今天的第一批志愿军要全力以赴进入B2B，为我们的国际站战斗。

B2B中文站的竞争对手是谁？是百度。百度在上个季度的快速成长，大家应该都看到了。我们的成长速度不够快。百度在搜索引擎访问上，还有大量的商业价值没有被挖掘出来。百度的销售人员达到了3000名，上个季度的营业额达到了6000万美元，同比增长147%。百度出现这样的势头，对我们中文站点诚信通的挑战非常大。所以大家要记住，我们的另外一个对手，也是中国一流的对手，是百度。

eBay、QQ、谷歌，这些对手都是一流的。碰上优秀的对手，对我们来说也是一种运气。因为我们今天只有碰到世界一流的对手，才能学习它们、超越它们。我想说，我们的模式并不比它们差。

娱乐永远以商业为基础

互联网有几个应用：第一是门户；第二是搜索引擎；第三是邮箱；第四是即时通信，这方面QQ做得最好。到目前为止，最好的互联网商业模式不是靠广告赚钱，而是靠交易赚钱，典型的例子就是eBay和淘宝。

我不懂互联网技术，但我必须要看到互联网真正的商业价值和未来趋势在哪里。eBay跟淘宝竞争的时候有七八百亿美元的市值，当时谷歌还不知道在哪里，eBay用望远镜在找像谷歌这样的潜在对手，它最害怕的就是像谷歌这样的潜在对手起来了，灭了自己。但今天，谷歌起来了，eBay照样在成长。

eBay有个问题，它上市太早，收费太快，股东对eBay的利润要求逼着eBay必须注意每个月、每个季度自己的业绩，这等于给自己戴上了手铐。相比之下，淘宝的免费政策让淘宝无处不在。B2B现在也有类似的情况，由于每个季度要考核，所以创新受到一点影响。

eBay碰到了两件倒霉的事情，一是进入日本时，被孙正义打掉了。本来eBay所向披靡，四五年以前，eBay比今天的谷歌差不到哪儿去，没想到在日本一下子被搞掉了。二是进入中国的时候，又遇到了淘宝。

eBay在日本输掉，可能是偶然现象，但是在中国被淘宝打败，投资者感到难以置信。很遗憾，eBay连下了几步臭棋，但eBay现在还值几百亿美元，还在成长。淘宝抢占了中国这块全世界最关注的市场，至于守不守得住，就看我们将来如何了。我看好淘宝，因为未来中国将会成为世界上最大的市场。

当然，我们也有雅虎的搜索引擎帮助我们。我们要抓紧时间消化雅虎的搜索引擎，否则买回来就没有用了。采用雅虎搜索引擎技术，不是为了和百度、谷歌竞争，而是因为随着淘宝、阿里巴巴市场的扩大，我们需要在电子商务市场中运用搜索引擎快速、准确地帮助客户。不要说今天雅虎中国要打败谷歌、百度，在一两年之内，不要这么去想。

阿里巴巴有可能成为全球电子市场的典范。互联网实际上有两个功能：一个是娱乐，一个是商业。在娱乐方面，有腾讯、网易和盛大；而在商业方面，中国就只有一家阿里巴巴集团。娱乐永远以商业为基础，因为经济基础决定上层建筑。而在商业方面，我们的机会很大。任何一个新的行业出来，都会红两三年。一般来讲，红三年很正常，红五年差不多，六年后一定会下来。只有跟着社会不断成长，你才能持续成长。

大家看《倚天屠龙记》，倚天剑和屠龙刀很厉害，但问题是，在拥有倚天剑和屠龙刀后，你的武功并不会变得多厉害。张三丰拿一把木剑就能把周芷若手中的倚天剑给夺下来。真正武功高强的人，拿什么都可以当兵器。今天，我们手上的兵器并不差，我们的市场地位也不差，我们要做好搜索引擎、阿里旺旺等工具，以应对强大的对手。

谷歌对B2B英文站点的冲击巨大，百度也是我们诚信通的对手。百度现在有专门的人员每天给诚信通的客户打电话，我们的客户几乎被他们翻了几遍。我觉得很好奇，阿里巴巴为什么没有把他们的客户翻几遍，他们翻我们三遍，我们翻他们六遍。我们为什么不反击？我们要反击，但千万不能你一拳我一脚，而是要将所有力量对准一点去击破。

虽然我们今天有很大的机会，我们的团队和管理在中国的互联网公司中也还算不错，但是我们的对手非常强大。谷歌一旦完善了销售体系的建设，就会对阿里巴巴B2B造成很大的冲击。我讲这么多，就是想告诉大家，你们的状态关系到整个公司的未来。我请求大家，在未来的三五年内，比以前更加勤奋、更加充满激情地投入到工作中。如果你们出了问题，一定会被新人取代。

阿里巴巴的创始人都在这里，而你们也已经成为阿里集团的创始人团队中的一员，所以在这次的IPO上市之后，我会把阿里巴巴所有“五年陈”的人放到创始人团队里去观察。我们这里能干的人真不多，能干的人都去创业了，我们并不能干，但我们是一个团体，相信整个团队的勇气和毅力会让我们变得更强大。

只有真正自己去学习的人，才是高手

我觉得我们阿里巴巴“五年陈”的人开始老成起来了。三年前看到大家脸上都洋溢着笑容，但现在都感觉很苦。金庸的小说里有一个境界最高的人，就是老顽童，人的武功是跟境界成正比的。老顽童的境界非常高，并且永远开开心心的。我们不要忘了，阿里巴巴初创时设计的logo（标志），就是一个笑脸。我们走进公司就能感觉到一种愉悦的氛围，而现在我们的老人都是暮气沉沉的。

我觉得大家应该开心点，虽然我们很辛苦，我们的对手很强大，导致大家都变得很严肃，但严肃不会让我们取得胜利。阿里巴巴B2B上市，就B2B本身而言，这才是起步阶段。你们知道微软上市的时候市值是多少吗？2.7亿美元。现在它值多少钱？GE刚起来的时候市值是多少？也是一两亿美元。它现在又值多少钱？今天阿里巴巴上市，大家知道，这家公司要对世界经济产生影响，没有5000亿美元连考虑也不用考虑。三家伟大的公司——GE、沃尔玛、微软，都是5000亿美元以上的公司，我们哪怕是一半，也要值2500亿美元。我并不相信GE在刚创立的时候会比我们聪明多少。我相信微软刚成立时也是如此，微软的人才也是后来才越来越多、越来越强的。

毫无疑问，你们比我们当时聪明多了。今天阿里巴巴只能算是刚刚起步，绝对不是已经走到山顶了。换句话说，阿里巴巴终于开始爬山了。在之前的八年里，我们就是为这个而工作的，要相信公司，相信我们的目标。每个人都要养家糊口，要买房买车，所以公司一定会考虑到员工的利益。

公司是靠员工发展起来的，我们看到老员工，心里有特别亲切的感觉。五六年前，我们聚集在了一起，希望十年以后，我们依然能聚集在一起，看我们真正达成了什么目标，这才有意思。而现在一切才刚刚开始，这绝对不是阿里巴巴的终点，而是一个崭新的起点。我们开始时只是在业余“拳击擂台”上打两拳，现在开始打全国比赛，接下来还要打世界杯。

我们当年创业时，街上会走路的人都会被我们招来，我们招不到优秀的人才，后来招进来的人才也离开了我们。最后，我们这些留下来的人逐渐变成了优秀的人才，虽然文凭不一定很高，但意志比别人更坚强。几年后，随着公司品牌的提升、业务的增长，我们吸引了更多优秀的人才来到这里。虽然优秀的人未必真的管用，但是我们尊重他们，没有他们，我们不可能走到现在。

只有真正自己去学习的人，才是高手。我不知道全中国的CEO能去哪里学习，我去过一两个CEO班，感觉很失望，根本就不能学到我想学的东西。所以，真正的学习是在平时的点点滴滴中。

第12章

眼光是走出来的*

* 2007年9月15日，第四届网商大会演讲。

◇如果你说的，别人认为都是对的，都认同你了，那机会还轮得到你吗?

◇人必须要有自己坚信不疑的事情，否则你就不会走下去。

◇如果网商没有富起来，没有赚钱，阿里巴巴就会是一个虚幻的东西。

◇电子商务是国家的核心竞争力，将成为经济的主导力量。

◇人要学会投资在自己的脑袋和眼光上。

◇大家要做正确的事，还要正确地做事。

◇互联网给我们这一代人最大的机会就是互联网没有历史，我们有机会创造历史。

◇财富要跟朋友一起分享，你才能快乐。

中国的电子商务才刚刚开始

今天，网商的概念已经慢慢深入人心，我觉得光在杭州发展网商不行，光在中国发展网商也不行，必须在全世界范围发展网商，因为互联网是全球性的，所以电子商务也必须是全球性的。

我坚信互联网会有未来。话说回来，要说八年前我在创建阿里巴巴的时候，就知道互联网会发展成今天这样，那是在吹牛。我那时并没有看到互联网会有这么大的发展，但我相信它会有发展。

一路走来，伴随着技术的进步，互联网发展得越来越好，对人类的贡献也越来越大。阿里巴巴也一样，八年前我们希望建立一个能够帮助无数进出口和内贸企业交易的平台。到今天，它越来越大。阿里巴巴在干什么？下一步发展成什么样子？媒体上报道比较多的是几家互联网企业竞争得比较厉害，企业发展得很大，对于企业真正要干什么，人们很难找到答案。最近这两年，我越看越清楚，越看越明白，越做越兴奋，越做越激动。

我关注日本电子商务的发展，特别是我做了孙正义的软银的董事以后，有机会更加透彻地了解日本。在跟雅虎合作以后，我开始关注美国电子商务的发展。三四年前，拍卖模式发展得非常迅速，从去年开始到今年，出现了放缓的趋势。eBay和亚马逊在美国都发展得很好，现在也开始有放缓的趋势，但是在中国发展得越来越迅猛。我个人判断，中国的电子商务才刚刚开始发展，未来的五年到十年是中国电子商务发展的高速期。为什么我会这么看？我认为美国、欧洲、日本的电子商务是一个很小的市场，它是一个补充市场，而不是主导市场。

我们都知道，传统企业已经开始采用电子商务。我很早以前就认为亚马逊的模式不好，并且已经批评了很多年。亚马逊的电子商务模式是在网上开书店，自己进货自己卖，我认为这是比较土的电子商务。我坚信传统企业一旦用上电子商务这套体系，根本不需要亚马逊，直到今天为止，我还是坚信这一点。

欧洲、美国、日本的商务条件、互联网基础都比较好，几乎什么事情都可以在网上做，互联网真正成了一种优秀的工具。所以，它们的电子商务公司的发展空间反而有限。但是中国形势刚好相反，中国的信用体系和支付体系都不是很好，物流体系也不怎么样。八年前我做阿里巴巴的时候是一路被骂过来的，很多人认为阿里巴巴是绝对不可能成功的。

我不在乎别人怎么骂，因为我永远坚信这句话：如果别人都认为你说的是对的，都认同你了，那机会还轮得到你吗？你一定要坚信自己所做的事情。八年前，西方的商业人士问得最多的问题是：中国没有信用卡，没有支付，没有物流，没有电脑，没有网络，怎么可能做电子商务？我自己也很纳闷，没有这些东西怎么办呢？从十几个人折腾到几百个人，难道这样就解散了？我一直把自己的情况称为“盲人骑瞎虎”，骑虎难下了。没有的东西可以创建，但企业不能等待社会环境、等待政府做事情，你必须全力以赴去做。

永远不能等待。大家可以看到，我们从B2B开始，又做了C2C。没有信息体系、支付体系，怎么办？我们自己建立了信息体系、支付体系。我们发现企业没有软件，怎么办？我们自己推出软件。

当然，百度也好，谷歌也好，搜索引擎很重要，但搜索引擎真正要灵，还是要靠我们的网商。网商是支持搜索引擎发展的动力。没有网商，没有我们这些人愿意付钱，搜索引擎再好，也不过是一个工具。

我首先坦诚自己并不聪明，阿里巴巴有很多聪明的员工，但总体来说，阿里巴巴人并不算聪明。我们在做什么呢？我们相信互联网会改变中国，我们坚信电子商务一定会走向未来。我觉得阿里巴巴走到现在，有四个关键要素：第一，我们相信；第二，我们坚持；第三，我们学习；第四，我们做正确的事和正确地做事。这四个关键要素使阿里巴巴走到现在。

有一个人问我：马云，你对现在的年轻人有什么建议？我的建议是：**人必须要有自己坚信不疑的事情，否则你就不会走下去。**我坚信互联网会影响中国、改变中国；我坚信中国可以发展电子商务；我也相信电子商务要发展，必须先让网商富起来。如果网商没有富起来，没有赚钱，阿里巴巴就会是一个虚幻的东西。

我记得前几年有个企业家讲过自己为公司创造了多少百万富翁，我特别为他感到骄傲，更让我感到骄傲的是阿里巴巴所有的同事，希望阿里巴巴为中国的网商、为中小企业创造非常多的百万富翁、千万富翁。如果我们能做到这一点，我们自己也不会穷到哪里去。

傻坚持胜过小聪明

坚信这些理念和想法，是阿里巴巴能走到今天的很重要的原因之一。我始终坚信一点，中国的电子商务刚刚起步，到现在为止中国还没有真正的互联网公司。大家可能会说，难道新浪不是，阿里巴巴不是？我认为中国的互联网才刚刚起步，要想诞生世界级的互联网公司，要在互联网用户突破两亿以后。

看看美国去年出现了什么情况？在一年多的时间里，美国的三个网站——Myspace、YouTube和Facebook迅速崛起。为什么它们会崛起得这么快？就是因为美国的互联网基础非常好。中国在这两年会发生非常大的变化，互联网公司也会发生很大的变化。

我们未来几年会全力投入产业建设，只有环境和生态链建立起来，公司才能发展起来。感谢这两年来银行的加入，特别是各个银行充分意识到电子商务的重要性，使得支付宝这样的工具诞生了。

我们在物流方面跟中国邮政和民营运输公司的合作，也发展得非常迅速。只有带动整个产业链的发展，我们的网商才能富起来，阿里巴巴才能做好。我们决定未来几年内在产业链上做重大的改革，我们希望投资100亿元建立电子商务产业链，因为现在我们如果不投资建立这些东西，今后就很难在国际上参与竞争。

电子商务是国家的核心竞争力，网商将成为全世界最大的商帮组织，将成为经济的主导力量。有人跟我说，我们生意人从来不用网络，这个人大概50岁。他不是我的客户，我觉得地时间花在他身上是不靠谱的。我应该把时间花在那些十几岁、二十几岁的人身上，因为他们是中国的未来和希望。

很多人问我什么时候可以开始创业。我三十几岁开始创业，天天创业。中国的希望在年轻人身上。在创业的人中，这些网商有理想，善于学习，能坚持。一个人最富有的时候就是拥有梦想的时候。我觉得自己最开心的时候是当老师的时候，那时候我每天想的就是再努力几个月，就可以凑足钱买一辆自行车了。现在的心情和那个时候不一样了，现在买任何东西都觉得没意思了。我也在不断反思，我现在在干吗？

作为人，第一，要有自己的理想；第二，一定要坚持。很快，阿里巴巴的每个人都会很有钱。我相信很多人比我们聪明，很多人比我们努力，为什么我们成功了，我们拥有了财富，而别人没有？一个重要的原因是，在别人都不看好互联网的时候，我们坚持下来了。你说当时做搜索引擎的人有多少？做电子商务的人有多少，做B2B的人又有多少，为什么最后都没有了？我们在，是因为我们坚持住了。当初我们招来的人，没有猎头公司找他们，他们也不知道去哪儿就业，所以就待在公司里了。结果，我们稀里糊涂地坚持了下来，后来一看，我们居然变得这么好了。

所以，有的时候傻坚持要比不坚持好得多，这是实话。那时候有谁愿意加入阿里巴巴？街上会走路的、只要不是太瘸的人，我们都招过来了，而聪明的人都离开了。2001年、2002年的时候，那些自认为很聪明、有好想法、能力很强的人，觉得电子商务不靠谱，待了一两个月就走掉了。

所以，你不仅要有理想，还要坚持，要不断学习。网商这个行业，现在我们的专家多了。在1995年、1996年的时候，有一大批专家说互联网未来应该这样发展，这样是对的，那样是错误的。我觉得他们都是瞎扯，因为人类之前没见过互联网是什么东西。

那么，我们是怎么办的？边学边干。我觉得CEO是很难当的，怎么学呢？这个世界上没有哪个CEO是培训出来的。领导者要有眼光和胸怀，眼光是靠多跑多看练就的，读万卷书不如行万里路。你没有走出县城，就不知道纽约有多大。我去了美国之后，才感觉自己太渺小了。

我经常跟我的同事们说，人要学会投资在自己的头脑和眼光上。你每次去的地方都是萧山、余杭，怎么跟那些大客户讲世界未来的发展是什么样的。你去东京、纽约看看，全世界都走一走、看一看，回来之后，你的眼光就不一样了。人要舍得在自己身上投资，这样才能给客户带来价值。

眼光是走出来的

眼光是走出来的，胸怀是冤枉撑大的。今天阿里巴巴唯一拥有的比较大的优点，就是胸怀宽广一些，能容纳各种人才。阿里巴巴人才济济，聪明人非常多。记住，能容纳各色人等的公司才是好公司。为什么人们愿意去动物园？因为里面有各种各样的动物，如果里面的动物都是一样的，像个养殖场，那就没意思了。

看看不同的人，有的那么固执，有的那么注重细节，有的又很宏观。我发现，这个世界的美妙之处就在于可以看到各种各样的人。尤其是在公司里，你如果带着欣赏的眼光看别人，就会怎么看怎么顺眼，如果你讨厌一个人，就怎么看怎么不顺眼。

我最近想到战略的问题。人类的历史很长，但战略的历史是很短的。通常的战略，要一个月评估，三个月检查，一年微调，三年才能看结果。如果明年就检验今年的战略效果，那不是战略，而是战术。我们每天要做的事情就是去看电子商务未来的发展。我已经做了四年网商了，但我告诉你，网商起码还有40年的发展时间。世界发生变化了，你要容纳各种各样的人，不是忍气吞声，而是要发挥他们的特长。

眼光、胸怀、实力很重要。作为领导者，不管你的企业有多大，不管是有五个人还是5000个人，你都要有比任何人都强的抗击打能力，也就是经得起失败的能力。虽然阿里巴巴目前发展得很好，但是小问题也很多。人一旦停止学习，就会走向失败，所以要坚持学习。

要做正确的事，还要正确地做事。首先，要选择正确的方向。如果你选错了方向，你做得越多死得越快。我觉得自己比较幸运，阿里巴巴选择了一个正确的方向——电子商务和互联网。其次，要用正确的方法。很多人都在说第一桶金，我想网商群体一定会成为，也一定能成为世界上最诚信的商帮。为什么？网商没有办法在线下跟消费者见面，所有东西都是靠诚信一点一滴建立起来的。如果我没见过你，我们要做生意，必须一点点做起来。

这几年网商的诞生、发展，靠的是诚信。所以，要选择做最正确的事情。网络还要大力投入诚信建设，在做网商的过程中，也不要寄希望于一夜暴富。

互联网没有历史

我是老师出身。我1988年大学毕业，第一年的月工资是89块钱，第二年是92块钱，加上我教夜校，能赚点外快，所以比别人好一点，每月能赚近200块钱。

1992年，我成立了杭州第一家翻译社——海博翻译社，不仅赚钱快了，最重要的是，你影响了别人，帮助了别人。真想赚钱的人，要把钱看清。没有结果的战略都是胡扯。没有结果不行，但只奔结果也不行。

如果我马云和阿里巴巴团队的17个创始人心里都只想着替自己赚钱，让自己成为富翁的话，阿里巴巴不会做得这么大，不会取得这样的成功。你嘴上讲的和心里想的不一样，别人是能看出来的。所有人都觉得自己比别人聪明，人家都知道你在说什么，如果你说的和做的不一样，你以为别人不知道，其实别人都知道。

其实，员工不会因为你不懂技术而看不起你，但他们会因为你说的和做的不一样而看不起你，因为你说你有伟大的理想，想促进电子商务的发展，但是你做的都是往自己腰包里装钱的事。

直到今天为止，互联网给我们这一代人最大的机会就是互联网没有历史，我们有机会创造历史。智慧的积累是一点一滴的，三四十年以后，人们不一定觉得我们今天所做的努力有多了不起。站在今天来讲，我们要为自己、为我们的孩子、为中国、为这个世界做我们应该做的贡献。现在，中国经济、世界经济和互联网的大环境都不错，加上我们还年轻，如果我们不学习、不成长，我们就对不起自己，也对不起这个时代。

前两天还有同事讲，淘宝现在做得很大了，我说大是指多大？淘宝现在还是一家小公司，关键在于你怎么想，如果你有了100万元，就认为自己很有钱了，就开始处于守势了，那就麻烦了。

领导都是很孤独的

领导都是很孤独的。以前我生日的时候很多人给我发短信，现在过生日时，收到的短信越来越少了。我估计问题出在我身上，因为我把自己当领导了。大家觉得你是领导了，都不好意思麻烦你。其实，有时候我收到短信也是蛮高兴的。

淘宝网今年计划做到400亿元的交易量，跟以前比是大了很多。我们判断今年整个中国网上交易额会突破13,000亿元。如果从这个角度看，你就会觉得淘宝只是一家小公司。当你觉得淘宝能够对整个人类社会产生影响的时候，淘宝才算是大公司。

今天的阿里巴巴和中国的其他公司比起来确实算是大公司，但从对未来产业的发展来看，它就是小公司。**财富要跟朋友一起分享，你才能快乐。**

其实，网商有今天，阿里巴巴起到的作用不是太大，就像阿里巴巴有今天，我马云起到的作用并不大一样。我这八年做阿里巴巴，从1995年到现在，12年的创业的经验告诉我，前一万个客户是你CEO自己做来的，前10万个客户是你的团队做来的，前100万个客户是你的10万个客户帮你做来的。怎么样能够形成客户帮客户？就是你为客户创造了价值。当客户替你说好的时候，你才是真好。

第13章

平凡的人可以做不平凡的事*

* 2009年5月17日，在首届网商交易会上的讲话。

◇不管大家是否相信，十年以后的商业会跟今天的完全不同。

◇我们这些平凡的人，可以借助中国的力量、互联网的力量发生变化。

◇在21世纪，要想成功，必须具有四大特征：开放的胸怀、分享的精神、强烈的责任感、全球化的眼光。

◇千万不要迷信一个人和一家公司，任何事都是自己一步一步走出来的。

我们正在开启网商时代

我大概是在1992年、1993年产生了创业的想法，为了体会创业的感觉，我曾经到义乌小商品市场拉着包进货，也曾到广州海珠市场进货。当时那里还是比较乱的，但是每次来进货，我心里都充满了希望和信心，我觉得参加这样的活动会改变自己。

今年是阿里巴巴创立十周年。十年来，我一直想在中国证明一件事情，就是互联网在中国是有希望的，它将推进中国的发展，我们也坚信电子商务会在中国存在并发展。十年来，我被很多人认为是中国最大的忽悠，我讲的话都是忽悠人的。我这十年来一直在忽悠，一直在倡导互联网的精神，倡导电子商务，倡导网商的精神。

六年前，我跟一个很要好的商人朋友交流，说我刚刚推出了淘宝网，希望他将生意搬到网上做。他说再说吧。四年前，我又请他将生意搬到网上，他说现在忙不过来。两年前，他跟我说，为什么不早说，我现在的生意都被淘宝网上的孩子抢走了。

我在1999年和2001年来过广东很多次，每次都在阿里巴巴的网商大会上不断推进一个想法，就是将外贸企业迅速搬到网上去。当时没有多少人真正相信我，但是今天，相信的人得到了好处。世界发生了很大的变化，到今天为止，如果你还没有认清互联网，还没有开始使用电子商务，还认为互联网就是在网上打游戏和看新闻的话，我相信你会非常后悔。

到今天为止，电子商务也好，互联网也好，我们只证明了它的存在，它究竟能否影响未来，又会使我们的生活发生多大的改变呢？我认为，未来十年，世界将发生巨大的改变。我对这次的网商交易会有很大的期盼，我们正在开启网商的时代。自从阿里巴巴和淘宝诞生以后，尤其是在最近的一年里，随着交易量的增长，反对的声音越来越多。我们听见的大多是说淘宝上假货横行，盗版猖獗。大家认为淘宝就是假货集散地，但我本人认为，事实并不是这样的。

一个朋友送了我几支雪茄，上个月，在香港的街上，我刚好走过一家卖雪茄的商店，发现价格很贵。我挑了一个最便宜的，也要13,000块钱，心疼了很久。回到家，我在淘宝上查了一下，发现同样的烟盒在淘宝上只卖720块钱。还有一些朋友从香港买了玩游戏的筹码，13,000块钱一套，也有15,000块钱和9000块钱一套的。我在淘宝上查了一下，每套是350块钱。

所有人都认为淘宝上的那套一定是假的，但我发现生产筹码的工厂在浙江金华，它将筹码出口到美国，香港从美国进口，内地的人再从香港买回来。现在的情况是，金华的工厂直接在淘宝上卖，所以只卖350块钱。

很多品牌的电视机制造厂家跟我说，我们卖一台电视机，从设计、制造到销售，最后只赚10块钱。几千块钱的电视机只赚10块钱，制造业哪有资金投入创新和研发？这些钱被谁赚走了？还有一个朋友对我说，中国有一种很有名的酒，卖800块钱一瓶，但是酒的成本只有10块钱，300块钱给了电视广告商，300块钱给了渠道商，还有200块钱给了回馈和包装。消费者为什么要花800块钱买价值只有10块钱的酒？这对消费者不公平，对制造业也不公平。那么，如何才能将整个渠道打通？我觉得，必须让电子商务来解决这个问题。

由资本密集型走向知识密集型

我们回想一下，五年前的物流行业，有多少企业真正做到了客户第一，真正重视客户的体验，真正扩大了物流？可以说没有。最近淘宝每天至少送出400万个包裹，需要很多的物流公司。

我在淘宝和阿里巴巴上看到了诚信在不断地建立起来，看到了今天互联网的力量。去年年初，我们从淘宝的数据，特别是阿里巴巴中小企业的数据中基本判断出，世界经济将会出现很大的问题。到了7月份，我写了一封信，说“冬天要来了”，但绝大部分人认为那只是互联网和阿里巴巴的“冬天”要来了，但我们认为是世界经济、进出口贸易、内需市场的“冬天”要来了。

现在经济虽然有所回暖，但我想告诉大家的是，今天经济仍然面临着巨大的困难。2007年的火爆股市不会回来了，真正要改变的是经济的结构和商业的文明。我告诉所有的网商，大家在网商交易会上感受到的不是冬天，而是春天和希望。

我认为去年六七月份的时候是一场危机，但今天已经不是。今年年初，越来越多的事实证明，这是世界经济发展过程中必然的阵痛，而强烈的信号告诉我们，昨天越是成功的企业，今天越是失败。企业如果自己不做出改变，就不能走下去。

另外，这次经济危机给我们一个强烈的信号，那就是产业正由资本密集型走向知识密集型，商人正从靠关系做生意走向靠诚信做生意。不管大家是否相信，十年以后的商业会和今天的完全不同，十年后的富豪和成功的企业家也和今天的完全不同。十年后的成功者一定是20世纪八九十年代出生的人，而且成功者会越来越年轻。我这样告诉自己：假如不改变，怎么会有我们的机会？

1995年，我从大学出来创业时就想证明一件事情：如果马云可以成功，那么中国80%的年轻人都可以成功。凭什么只有有关系的、胆大的人可以成功？成功者必须有智慧和诚信，因为世界的开放速度正在加快。我跟大家没有太大的区别，唯一的区别是我长得比大家怪一点、丑一点。我没有资本，创业的时候，还是向亲戚、朋友借了两万块钱；我也没有关系，我父母都是普普通通的人。但是，为什么我的事业会发展得这么快？

今天我看到网络上说，马云真伟大，把阿里巴巴、淘宝做得这么好。我心里特别难过，因为这不是我的功劳，而是互联网的功劳，是中国发展的功劳，是1.3万名员工的功劳，也是中国几千万信任网商的人的功劳。

我没有写过一段程序，也没有制定过互联网的规章制度，但是后来我发现，今天网络发生的巨大变化，让我们这些平凡的人可以借助中国的力量、互联网的力量发生变化。回忆这十几年的发展之路，我认为只要有梦想，只要和同事不断地了解客户，因客户的变化而变化，我们就一定会走到今天。

我觉得，正是互联网和前十年发生的变化，让我们走到了今天。未来十年，互联网和电子商务的变化会更大。假如没有时代的变化，没有这场经济危机，我相信大部分人十年后没有成功的可能性。

在所有人的眼中，我们就是一些普通的年轻人，我们去哪里找关系？我们去哪家银行能找到贷款？我们怎么去跟别人谈合作？是互联网给我们带来了巨大的变革，也要求我们具有创新思维。中华民族尊老爱幼的传统美德很好，但为什么不可以尊幼爱老，尊重和倾听年轻人？对老人固然要爱护，但向老人询问明天会怎么样，我估计他们也答不出什么。

我爷爷一辈子都是靠报纸来决定未来的，他认为报纸上讲的一切都是对的；我父亲这一辈人是靠听广播的；我们这一代是靠看电视的；而80后和90后的孩子则是伴随着网络成长的。互联网和电子商务的发展将彻底改变未来，彻底影响我们的生活。社会已经发生了剧烈的变化，我想告诉大家的是，2009年互联网和电子商务的发展水平只是初级阶段，后面有的是机会。大家都说机会已经被阿里巴巴、淘宝、百度、谷歌和腾讯抢去了，我可以告诉大家，真正的机会还没有到来，未来十年，互联网仍然很有前景。

成功企业的四大特征

在之前的八年里，阿里巴巴都做了什么事情？我们想证明，中国将会诞生一个新的群体——网商。广东商人叫粤商，山西商人叫晋商，安徽商人叫徽商。互联网是没有区域的，所有的商业都要遵守一个规则，就是诚信。网商告诉我们一点，阿里巴巴之所以能走到今天，是因为它具有四大特征：**开放的胸怀、分享的精神、强烈的责任感、全球化的眼光**。在21世纪，要想成功，必须具有这四大特征。

具备了这四大特征的企业，一定会在21世纪取得非常大的成功。接下来的五年我们将证明网商的力量，10块钱成本的酒就应该卖二三十元，而不应该卖800块钱，电视机有那么多的生产工序，只挣10块钱也是不合理的。

传统的渠道商拿了制造业的钱，剥削了消费者，不是去完善渠道，而是去投资房地产和股市，这是对他人的不负责任。未来的五年我们将倡导和推进网商的力量，再过五年，我们将推进网规的建设。没有网络上的诚信和规则，我们绝对不相信互联网可以完善起来。

淘宝和阿里巴巴已经开始在全球范围内招聘和寻求法律专家、经济学专家、社会学专家、人类学专家。为什么请这些人？因为我们感觉到未来的网规、网商将会创造新的世界，人类也会开始进入新的世界，不能再让今天20

多岁的淘宝店小二来制定游戏规则。

有人问，为什么要找人类学家研究淘宝？因为现在淘宝发生了很大的变化，我们必须对网上交易的规则、对卖家进行约束。有时候我在深夜一点的时候上网，还可以看到阿里旺旺上有很多人在线，看到卖家这么晚了还在上班，我很感动。我想请人类学家研究卖家的行为，包括他们几点起来、登录过程中发生了什么事情，根据这些行为制定游戏的规则。

十年后，我相信我们会创造新的网络世界。因为阿里巴巴B2B，很多制造企业因此而发生了巨大的变化。每一次营销方式的变化，都会促使制造业发生变化。所有的企业都要高度关注电子商务。

我最近发现，在新的时代下，渠道越强、销售越好的企业，麻烦越多。广东的企业有一个问题，会制造却不会卖。广东企业几十年的发展，资金是靠港澳台，品牌和渠道是靠海外，广东人只要造就可以了，认为造了就会有人去买。一旦爆发金融危机，海外渠道和品牌发生问题，很多企业就会出现问题。

今天我想告诉大家，通过互联网和电子商务，你的货是可以迅速走出去的。所以，必须进行改革，企业必须以消费者为中心。这两三年来，C2B和C2C关注最多的就是消费者将如何影响未来。我想告诉大家，今天所有的制造业企业都应该提高警惕，必须根据消费者的变化来改变自己产品的设计，改变渠道的推广方式，改变创新设计的能力。

C2B一定会成为产业升级的未来，以消费者为导向进行柔性化生产，将会取代定制化生产。网货会使制造业的利润提高，将渠道打掉，让所有的消费者得到个性化的产品；网规会让这些企业变得更加透明、更加诚信、更加受消费者的尊重。我相信这才是时代的发展趋势。

不要迷信一个人和一家公司

我们处在变化的时代。今天感到痛苦的人，去看一下互联网上反对声音最大的是谁？是成功者。反对阿里巴巴和淘宝的人已经不是阿里巴巴和淘宝的竞争者，而是在传统渠道下买卖做得最好的人。

一个LV（路易威登）的包卖两三万块钱，凭什么卖这么贵？我们尊重知识产权、尊重品牌，但我们不尊重暴利，尤其是为了维护自己的某些特殊利益而设置大量障碍的行为。我认为，十年后的法律规范对传统的专利、品牌也会造成巨大的冲击。

我前段时间从美国回来，感到最有意思的是，很多企业都是世界著名的公司，拥有世界上很多的专利，但这些企业活得非常累。它们为了维护这些专利，请了无数的人，做了很多的程序，设置了大量的地雷阵来阻碍其他人的创新。

今天，人类要进步、要创新，就要靠网商和网货的力量。法律不能保证诚信，不相信诚信的力量是不行的。今天的中国必须倡导互联网的力量。这次金融危机过后，制造商们必须迅速开始新的营销方式。

如果你下了一步臭棋，先不要着急，反过来看也许会变成一步好棋。我在阿里巴巴的十年中，一开始的时候我觉得自己下的都是臭棋，但现在看来都是好棋。千万不要迷信一个人和一家公司，路都是自己一步一步走出来的。创业者永远要有梦想，每天都要去改变和调整。

在21世纪，如果你想成功，那你就要记住：客户第一，员工第二，股东第三。客户第一，就是指做生意要讲诚信，一切的努力都是为了客户。员工第二和股东第三，最近争议很多。我前几天在香港的股东大会上讲这句话时，有人说，马云，早知道你把股东排在第三位，我就不会买你的股票了。我说，还来得及，你现在可以卖掉股票。是谁给我们钱？是客户。是谁创造了价值？是员工。改变我们、影响我们、帮我们成长的，是我们的员工。

有一位企业家对我讲，他们的产品明明很好，但在淘宝上怎么也卖不出去，而一些小丫头轻轻松松地就卖出去了。因为那些老人卖产品的套路和小丫头是不同的，年轻的店小二一开口就是“亲”，我们是不适应的，但现在上淘宝如果没有人说“亲”，我反而不适应了。

以前我们认为穿中山装是对人的尊敬，后来认为穿西装是对人的尊敬，现在发现其实自己穿得越舒服，给人的感觉就越好。今天的阿里巴巴，我们有了服务于消费者的淘宝，有了服务于企业的阿里巴巴，有了中间支付体系的支付宝，并开始为明天打造阿里软件。

我们建立了电子商务体系，但是电子商务真正成形是在五年后。我相信到2014年，我们会看到完全不同的电子商务渠道，希望大家抓住这五年的时间。如果你今天还停留在游戏和网吧里，还在笑话别人做电子商务，那五年后，你会更加后悔。

我们必须创造未来，每个人每天都要对未来充满希望和信心。我们不要为昨天而感到失望，也不要为恢复昨日的辉煌而感到兴奋，世界的变化才刚刚开始。阿里巴巴的使命以前是十几个人的，今天已经变成了1.3万阿里人的。我们将会全力以赴支持网商、网货和网规的建设，在未来的十年里打造新的商业文明，我们要让那些具有诚信和开放的胸怀、分享精神、责任感以及全球化眼光的商人取得成功。

第14章

和社会的成长结合在一起*

* 2007年2月27日，在阿里巴巴集团表彰大会上的讲话。

◇阿里巴巴最值钱的是我们的价值观。

◇一家公司如果这么傲慢，这么不重视、不尊重别人，就会出问题。

◇互联网是一种新的生产力，互联网特别是电子商务一定会影响整个中国。

◇我希望我们的收入是自然增长，而不是被我们硬挤出来的。

◇当你的口袋里并没有枪的时候，所有人都开始防御你，这是很可怕的。

◇一家公司的高速成长，不和社会的成长结合在一起是不行的。

我们离客户远了

去年，我看到了公司里出现了一些问题：很多同事和干部离客户远了，离铺张浪费近了；出现了官僚主义，甚至还逐渐出现了办公室政治。这的确让我很伤心，但我又觉得这是因为公司刚刚发展起来，很多问题都是能够解决的。我还看到我们的价值观，特别是干部的价值观提得少了。在外面看来，我们有B2B、C2C、在线支付，还有雅虎网站和阿里软件，但是在内部看来，**阿里巴巴最值钱的是我们的价值观。**

在过去的一年里，也许是由于压力，也许是由于竞争，也许是由于我们自己对很多问题的不同看法，我觉得我们的很多干部都把价值观作为考核员工的标准，而不是检查思想的工具，不是发自内心地重视这个价值观。

我不知道我们的干部、同事花多少时间去倾听客户，这一年我收到了很多客户的信，这些信让我开始反思，是不是公司大了，我们自然就会离客户远了？其实，我们公司才5000人，规模还不算大，我们会发展到10万人、15万人，公司现在才经历了八年的时间，我们还有94年要走。

我今天早上跟我们的干部交流，我说我现在越来越寂寞。在1999年—

2001年创业的时候，每到周末或节假日，我就会收到很多祝福的短信，很多同事还会给我打电话问好，或找时间一起下下棋、打打牌，但现在这种情况很少了。

当然，有人说：一是因为你太忙了，我们不想打扰你；二是因为我们也很忙。我对此完全理解，但是从背后看，这反映出的更深层次的问题是我们之间的感情在变淡。阿里巴巴是一个大家庭，我希望大家在工作中是专业的，在平时都是朋友。

另外，我看到，在业务方面，B2B出现了一点点疲态，我们的增长速度并不像之前所设想的那么快。我还看到淘宝经历了竞争的挫折，看到了支付宝成长起来，也看到雅虎一年内所发生的这么多变化。

这一切引起我很多的反思，尤其是我发现很多干部出现了官僚主义。比如我们约了人在楼下应聘，人家坐在那里等了将近一个小时，我们的人却迟迟不来见面。我们有一点傲慢，把自己看得太高了，其实我们只是一家年轻的公司，我们也都是年轻人。还有一次，有一个政府官员到我们公司来，他在楼下接待室里足足坐了50多分钟，才见到我们的一个干部。他为杭州有这么一家公司而感到骄傲，但是，**一家公司如果这么傲慢，这么不重视、不尊重别人，就会出问题。**

员工是没有错的，错往往出在干部身上，而干部的错就出在CEO身上，所以我对自己去年的工作是不满意的。我已经跟董事会提出扣掉我去年的所有奖金，虽然我干得很辛苦，但是没有干好，我们只为结果付报酬。

不管怎么说，辛苦的2006年已经过去了，我们要反思这些问题是怎样出现的，是因为我们对员工关心不够，对干部关心也不够。我们很多干部都关注自己的位置，关注自己的办公室，关注自己是不是有足够的权力和地位。这一年内，我们引进了很多优秀的中高层管理人员，他们有很多经验值得我们学习。阿里巴巴的员工和干部来自五湖四海，我们在一起分享经验的时候，也要不断检讨一下自己的不足。

电子商务一定会影响整个中国

我不太喜欢讲过去，2006年已经过去了，我们面临的是在2007年做什么，2007年世界将会发生怎样的变化，中国将会发生怎样的变化，互联网将会发生怎样的变化，阿里巴巴将会发生怎样的变化等一系列问题。公司前三个月做了很大的努力，进行了阿里巴巴有史以来最大的一次组织架构变动。我们变成了一家控股公司，成了集团，下面拥有五家全资子公司——阿里巴巴、淘宝、支付宝、雅虎、阿里软件。

我们这样设置，主要目的是希望在每个领域，我们的公司都能成为行业的领导者，能改变行业的很多观念。我们给五家公司充分的权力，当然，这五家公司的总裁和管理层也会经受风险投资和董事会考核等严酷的考验，因为我们不这么做，今后会碰上很多的问题。

所以，我们的组织进行了改造。我们现在是五家公司，从某种程度上来讲，作为多元化经营的公司，我们管理层的干部遇到的最大挑战就是管理能力不够、组织体系不完善。阿里巴巴是同心多元化的公司，五家公司打造一个产业链。虽然我们的战线有点长，但是为了这个行业，为了这个产业，为了这个国家，为了全世界的电子商务，我们不得不做这些工作。

我今天在想，如果我们没有淘宝，没有支付宝，没有雅虎，把所有干部的精力全部集中到B2B上，我们会怎么样。我相信我们还能够在几年内保持三位数的增长，但即使保持了几年又怎么样？我们希望的是能够影响中国未来的经济建设和全球的电子商务。所以，我们今天的问题是：我们的干部能力不足，组织体系不够完善，历史和文化基础都很薄弱，但我们不得不面临多线作战。

我们很有可能会在未来一两年内再设立几家新公司，但未来的阿里巴巴至多不会超过七家公司。我们现在设置了五家子公司，对团队的管理能力来说是非常大的挑战。我昨天晚上看了国家领导的一个讲话，讲的是关于正确认识中国现在所处的发展阶段的问题。他说我们要承认中国仍然处在社会主义的初级阶段，大力发展生产力、解放生产力仍然是现在的主要工作。听了这话，我心里的石头终于落了下来。今天的阿里巴巴不像三五年以前，那时的阿里巴巴很小，政府对我们的影响不是很大，但对于今天的阿里巴巴来说，整个国家的走势、整个社会发展的大环境是非常关键的。

不断扩大社会财富，不断解放生产力，承认现在中国处于初级阶段，我觉得这无疑对阿里巴巴未来三年的发展做出了巨大的保障，尤其是在整个社会环境上做出了保障。发展才是硬道理，国家还会一如既往地坚持扩大社会财富、发展生产力。**互联网是一种新的生产力，互联网特别是电子商务一定会影响整个中国。**

2007年将会成为阿里巴巴年，关于这一点，我在很多场合说了很多次。今年我们会采取一系列举措来改变外界对我们的看法，来促进阿里巴巴的发展，让阿里巴巴的客户、投资者更了解阿里巴巴，让阿里巴巴的员工能够生活得更好、工作得更开心。

我们真正希望的是把2009年变成中国的电子商务年。离2009年没多少时间了，我们要做的事情是非常多的。2009年9月10日①，中国会因为阿里巴巴集团在电子商务领域发生翻天覆地的变化，而这种变化的起点就在2007年，2007年，公司的整体战略是确保B2B继续成为公司的“奶牛”，扩大B2B的市场占有率，加强B2B网站及其客户对我们的满意度，B2B还将引领整个公司向前发展。2007年，淘宝、支付宝也将全力提高自己的交易量。

---

① 阿里巴巴十周年庆典晚会在这天举行。

忘掉赚钱

很多人都说淘宝没有商业模式，没有赚钱的模式，但我想告诉大家，我们要忘掉赚钱。集团认为在2007年、2008年，淘宝和支付宝要全力配合，迅速达成1000亿元的交易量。孙彤宇[①]有一个目标，淘宝要成为中国最大的零售商。在我看来，十年内，淘宝将成为全世界最大的零售商，我们未来的对手是沃尔玛。

我想给淘宝的所有干部提出一个希望，我希望在2007年淘宝的交易量能够突破400亿元，如果我们在2008年能够突破1000亿元，那我们将真正改变整个中国的商业环境，我们一定能够为中国创造100万的就业机会，一定能促进中国的创新和发展。

我认为淘宝网和支付宝的配合可以改变中国的零售业，为中国创造更多的就业机会和创业机会，一旦突破1000亿元的交易量，整个中国就会因为电子商务而发生翻天覆地的变化。那时候，很多生产厂家不会蜂拥到国美，而会说：如果不在淘宝、不在阿里巴巴上开店的话，我就傻了。

这才是我们的理想。所以，在1000亿元的目标没有实现之前，淘宝网、支付宝的主要目标还是一句话——我们要忘掉赚钱。我坚信我们一定能赚到钱，**我希望我们的收入是自然增长，而不是被我们硬挤出来的。**我们希望为中国创造100万的就业机会，改变中国的商业环境，促进创新，促进社会效率的提高。

不被别人看好其实是一种福气

我们的第一梯队是B2B，第二梯队是淘宝、支付宝，第三梯队是雅虎和

---

① 时任淘宝网总裁。

阿里软件。去年雅虎做得非常艰辛，我本人也参与了雅虎的建设，但这一年的艰辛并没打垮雅虎的团队，我现在感觉雅虎的团队正在迅速恢复。去年雅虎发生的最大的事情就是动了个大手术，这个手术做得非常艰辛。现在雅虎就像一个已经拆线的病人，脸上有了一点红润，拄着拐杖也能走几步。我们要给雅虎中国足够的时间，我们看到雅虎搜索引擎在美国工程师团队的支持下，在整个阿里巴巴集团和雅虎同事的努力下，已经有了长足的进步。

刚跟雅虎并购的时候，李锐① 对我说，凭我们今天的实力，一场仗也打不下来，只能打一场小架。但是今天，我们进步了，我们雅虎的搜索引擎可以叫板百度、抗衡谷歌，我们有了全中国第二代e-mail，整个社区建设也有了完全的创新。我希望雅虎中国能让人感受到它是中国人的雅虎，雅虎在一家中国公司的治理下也能够成为中国一流的网站。我们希望它能超过新浪、搜狐、网易、QQ，当然，这需要时间。

五六年前，没有人相信阿里巴巴会有今天。今天，很多人也不相信淘宝会有未来，更不相信雅虎会在未来几年取得成功，但不被别人看好其实是一种福气。去年阿里巴巴做得很辛苦的主要原因之一就是别人太看好我们，所有人都认为我们将会成为他们的对手。而对于雅虎，我们的团队已经建立起来了，也制定了相应的战略，社会对我们的期望值并不是很高，坚持两三年，雅虎就会创造奇迹。

至于阿里软件，我想跟大家讲，阿里软件现在面临的问题和挑战是：在我们还没有优秀的产品、没有优秀的服务团队、没有稳定的客户的时候，别人对我们的期望值就已经非常高了。金蝶也好，用友也好，这些公司将来都会成为我们的竞争者。

我这次在达沃斯参加会议的时候，SAP公司的CEO跑过来跟我谈起阿里软

---

① 时任雅虎中国搜索事业部总经理。

件。我也碰到了比尔·盖茨的高层管理团队，他的COO也过来跟我谈阿里软件。**当你的口袋里并没有枪的时候，所有人都开始防御你，这是很可怕的。**

阿里软件是公司整个战略的一部分，是从Meet at Alibaba（相聚在阿里巴巴）到Work at Alibaba（工作在阿里巴巴）的重要举措，我们必须把它做好。我们并不是想去争夺什么，比如中国第一大软件服务商的头衔，因为我们只要做好服务，踏踏实实、稳扎稳打地前行，就一定会变成第一大软件服务商。

我希望阿里软件能成为中国第一大、世界第二大的软件提供商，当然，这不是两三年内就能实现的，也许要八年，也许要十年，也许要十三年。我希望看到越来越多的优秀产品、很高的客户满意度、强大的服务体系，总之，我对阿里软件非常看好。

到现在为止，纵观整个中国的形势，包括经济形势和互联网的发展变化趋势，2007年一定会成为阿里巴巴轰动江湖的一年，这一年我们所有的举措将会证明中国的下一波发展趋势。中国的前几波是广告、SMS（短信服务）和在线游戏，下一波一定是电子商务。电子商务一定能改变中国，能使互联网深入家家户户，影响到大众的生活。这是我们现在整个的布局。

应该承担的责任

作为一家影响中国互联网、影响全球电子商务，甚至可能会影响中国经济、亚洲经济、世界经济的高速成长的互联网公司，阿里巴巴应当承担起社会责任。在我看来，承担社会责任绝不是进行一些慈善活动，比如捐钱、捐建学校。社会责任对我们这样的公司来讲，是对我们的用户和客户负责任，我们不希望像有些互联网公司那样，网站的内容充斥着色情、赌博和凶杀，这是在毒害下一代。我希望阿里巴巴所有的管理者和员工都全力维护互联网的积极的一面，如果我们的企业不承担起这个责任，就不会走得长久。

我们永远不要忘记自己的使命：让天下没有难做的生意，让天下没有买不到的东西，以及完善社会、帮助别人成长。所以在现阶段，我们公司首先要履行的社会责任就是让我们的网络能够真正对社会做出贡献，而不是给孩子、给我们的下一代带来伤害。我们宁可破产，也不要这样赚来的钱。

希望大家跟我们一起把这种社会责任一代一代传承下去。在我看来，阿里巴巴有中国最好的履行社会责任的平台，它为中国创造就业机会并依法纳税。我不希望像有些企业家一样，一方面在想办法偷税漏税，另一方面在捐钱充当慈善商人，我宁可踏踏实实为国家纳税。我们才走过了八年，我也只有四十几岁，我会把自己大部分的钱捐给慈善事业，但是今天我们要做的事情，就是索罗斯跟我讲的：公司的社会责任也是第一责任，就是挣钱。你不挣钱，别人就要为你承担责任；只有你挣了钱，才能为社会承担责任。

所以，我想我们公司要在网络领域对社会担负起纳税的责任。我希望阿里巴巴B2B能够把握这个机会，这也是我们应该承担的责任。今年最热门的话题就是地球变暖问题，它也是当今世界非常严重的问题之一。地球似乎正在因为人类而不知不觉地发生改变，北京本来冬天有很多雪，现在基本不下雪了。大家有没有想过，是什么决定了整个世界未来的变化？是人类自己。在50年前把树砍掉时，没有人认为这会对环境造成恶劣的影响，到了今天，我们才发现这会对人类社会造成巨大的影响。

如果大气变暖，如果我们的很多企业没有环保意识，不懂得保护地球，那么50年以后，北京和杭州会出现什么情况？夏天可能会达到60摄氏度，北京可能永远看不到冬天，这比砍树更危险。全球有1700万家中小企业在使用我们阿里巴巴的网站，当它们在使用我们的网站进行生产的时候，我希望它们也在参与对地球的保护。

一家公司的高速成长，不和社会的成长结合在一起是不行的。我们要务实，要有责任感，今年的西湖论剑要围绕这个主题，呼吁全中国、全世界的互联网公司为下一代而努力。

阿里巴巴基本法

我们以前有一个理想，我们希望20年以后，中国的五百强企业中有很多CEO来自我们公司。我也希望看看，在将来中国的五百强企业中，阿里巴巴集团出来的人做CEO、做副总裁的有多少。我希望阿里巴巴能够诞生很多商场名将，我们要成为中国商场名将的摇篮。将来有一天，你如果要成为商业界的领袖，就必须放眼全世界。

不了解世界，就没法做中国的生意。不懂政治，就没法去搞经济；不懂经济，也做不好政治。不懂宏观，就不懂微观；不懂微观，也不会懂宏观。我说不懂政治就不能经营，不是让你去搞政治，而是要让你看懂整个大局。什么时候说什么话，什么时候该说什么话，我们都要注意。

2007年，除了引进人才，建立良好的机制，进行资本运作，扩大我们整个公司的影响力和收入以外，我将与高层团队一起为阿里巴巴制定一部"阿里巴巴基本法"。我们要走102年，就必须像美国一样有一部"宪法"。

能做什么、不能做什么，现在很少有企业考虑这些问题。一家公司要走得远、走得长久，就要在人才、机制、环境各方面建立这样一个体系，所以2007年我们要启动"阿里巴巴基本法"的建设。

如果我们不能好好把握未来的三年，我们将会后悔一辈子。在今后两三年内，我们会面临很多竞争，为了应对这些竞争，我们必须相信我们所坚持的战略。一家企业应该永远明白自己想做什么、该做什么，而不是随波逐流。

要想赢得竞争的胜利，主要还是要靠自己做大做强。我们在看到淘宝高速成长的同时，也看到了很多互联网公司的上市，看到了很多垂直网站对阿里巴巴的冲击，看到了来自百度和谷歌方面的竞争。

我想跟大家讲，对于雅虎打赢谷歌中国，我有十足的信心；要想打赢百度，我们就必须正面对抗，因为百度的市场占有率很高。雅虎现在亏损，我们就让它亏损，但雅虎的存在绝对不会是为了亏损。2007年，我们最希望看到雅虎有一个健康的网站、健康的产品，在营业收入上要慢慢来，忘掉赚钱，我们先把流量提升上去，把网站发展起来。

第15章

把自己的定位看清楚*

* 2008年2月15日，在阿里巴巴员工大会上的讲话。

◇世界互联网行业特别是中国互联网行业还有10年的发展时间。

◇互联网行业的变化太快了，互联网是一个危机四伏、高速发展、危险重重的领域。

◇我们必须看清自己，看清自己所面对的情况，这样我们才有可能生存、成长和发展。

◇别人倒下去的时候，你还跪着，你就赢了。

◇电子商务是互联网几大产业中唯一影响每个人的生活、影响国家与国家之间的交流、影响每个人未来的重要产业。

◇同意别人的观点很容易，但是有几个人能真正做到“永不放弃”呢?

◇预测未来最好的办法就是去创造未来。

互联网行业的格局

阿里人都想问：雅虎微软事件[①]对阿里巴巴有什么影响，阿里怎么看待这样的事情？因为阿里巴巴至今没有对此发表任何观点和看法，所以我想对全体员工谈一下集团对这件事情的看法。

第一，中国作为最大的互联网国家，中国互联网企业必须参与建设全球互联网行业的未来，进而成为能够影响全球互联网行业格局的重要力量。

第二，本次微软公司对雅虎的收购事件，不仅涉及阿里巴巴集团的利益，也将直接改变世界互联网行业的现有格局，对中国互联网行业未来的走向会产生至关重要的影响。在确保国家、客户、员工以及股东利益的前提下，阿里巴巴集团对此高度关注，与微软和雅虎公司一直保持紧密的联系和交流，并已经为此聘请了数名著名财务顾问和数家律师事务所。

第三，阿里巴巴集团将一如既往地坚持独立自主发展的原则，以乐观积

---

① 2008年2月1日，微软提出以446亿美元收购雅虎，但遭到时任CEO、雅虎联合创始人杨致远的拒绝。虽然此后双方曾展开数次谈判，但最终没有达成实质协议。微软于2008年5月初撤回了收购请求。2008年9月，美国发生了金融危机。

极的态度看待变化，不管微软和雅虎此次并购的结果如何，阿里巴巴集团都不会改变公司的既定方向。

我相信全球互联网行业的格局会因为微软和雅虎的合并和并购而发生很多变化。我们判断，在五年到十年内，世界互联网行业的格局将会形成几大集团：一是谷歌；二是微软和雅虎，及其他很多小创新企业，比如Facebook、YouTube、Myspace等；三是即将崛起的中国互联网企业。而在中国的格局中，阿里巴巴将起到至关重要的作用。

Myspace、YouTube、Facebook等创新的Web 2.0网站出来以后，并没有改变美国互联网行业的格局，日本仍以雅虎日本为领袖，欧洲也没有发现很大的格局变化，但中国发生了很大的变化。

中国的互联网行业在未来三年将发生巨大的变化，目前中国的上网人数已经超过两亿，中国很快将成为全世界最大的互联网国家。到目前为止，互联网在中国仍然是以三个方面为主：第一，新闻媒体；第二，娱乐；第三，电子商务。在门户站点方面，我们看到新浪、搜狐、网易等老牌互联网公司在不断努力，并向前挺进。在娱乐方面，盛大、巨人等娱乐公司层出不穷。但是，在整个中国互联网行业的格局来看，腾讯将继续保持非常强的增长势头，百度的势头也非常强劲，再加上阿里巴巴集团，这三家公司基本上领航了中国互联网的发展。

这三家互联网公司的势力在不断扩张，影响力也在不断渗透。腾讯从IM（即时通信）开始发展，并横向拓展，现在进入搜索引擎、电子商务和支付领域。百度也开始向日本拓展，并宣布向C2C进军。而我们将继续坚定不移地守在电子商务领域。

关于2007年的竞争形势，我们跟腾讯达成了很好的默契，没有像2006年一样发生激烈冲突。百度跟中国雅虎、阿里之间展开的竞争并没有达到白热化的地步，双方还是在抢夺市场。阿里巴巴集团面临的机会和挑战也非常明确：2007年阿里巴巴B2B业务的上市，使得所有的目光对准了我们。我们虽然在整体布局上略胜一筹，但是在用户数量上不如腾讯，在产品的推新、产品的准确和快速推进方面不如百度。这是目前中国互联网行业的整个局面。

我的判断是，世界互联网行业特别是中国互联网行业还有十年的发展时间，十年以后，这个世界上将没有人再谈论互联网和电子商务，因为那个时候，世界的互联网和电子商务的格局已经形成。就像今天在美国，再也没有人说我要做一个搜索引擎，打败谷歌；而今天在中国，也没有人会说做一家像新浪一样的门户站点，因为游戏已经结束了。

我们要在这十年里全面而扎实地打好电子商务的基础，只有十年时间。我希望十年以后，人们谈到电子商务就谈阿里巴巴，而不是说“前几年有一家叫阿里巴巴的公司很厉害”，如果我们不努力的话，这一天有可能就会到来。

互联网起起落落很多年，有好多公司虽然一开始非常厉害，但倒得也非常快。雅虎三四年前是多么辉煌，十年以前还是我们的偶像，但是今天它倒下了。当然，尽管倒下了，它依然是我们的偶像。

我们的承诺永远不会改变，无论雅虎是不是卖给微软，中国雅虎一定会成功。中国雅虎会是世界上留下的最后一个称为雅虎的独立公司。

我们的战略

2007年是阿里巴巴取得阶段性成功的一年，这是我们九年努力的结果。B2B的上市为我们在2007年年底画上了一个很好的句号，阿里妈妈的诞生也是一件非常了不起的事情，淘宝和支付宝也取得了非常令人惊喜的成绩。另外，阿里巴巴的人力、财力、物力和社会影响力在2007年也得到了增强。我们的员工已经达到了8800多名，很快要超过一万名，我们的现金储备量可能已经成为中国乃至世界的互联网公司中最大的。

我认为，从2008年下半年开始到2010年，互联网在中国的并购热潮会发展起来，但今天我们仍将自己定位为一家高速发展的小公司。我们今天确确实实是一家小公司——整个公司只有九年的经历，干部、员工都非常年轻。

当然，在外人看来，光一个B2B业务市值就超过100亿美元，这好像是一家大公司。我自己觉得我们其实是一家非常小的、年轻的互联网公司。互联网行业的变化太快了，这是一个高速发展、危机四伏、危险重重的领域。

两年以前，美国雅虎多么厉害，但是今天大家发现微软要并购它；三年以前，谁能想象会出现Myspace、Facebook、YouTube；五年以前，谁能够想到谷歌会有那么厉害。所以，整个互联网领域的变化速度非常快，**我们必须看清自己，看清自己所面对的情况，这样我们才有可能生存、成长和发展。**

我现在看到我们这家小公司也有了一些大公司的弊病，比如出现了浪费，出现了官僚作风和形式主义。我们的KPI① 文化越来越强盛，一切以KPI为主，缺乏了协调性。我们希望以结果为导向，但是过多地以结果为导向，文化就会被稀释。我们的价值观考核也大多流于形式。这些都是公司在高速成长过程中出现的问题，而解决这些问题的唯一办法就是继续发展、完善自己。

九年前创办这家公司的时候，我们曾经说过，一家优秀的公司在碰上灾难的时候，所有的员工都会坚持并帮助公司渡过难关；而一家垃圾公司，员工只会选择迅速逃离灾难。阿里巴巴还没有遇到灾难，我们如果不正视自己，总有一天会面临灾难。

---

① 即关键绩效指标考核，是企业绩效考核的方法之一。。

对阿里巴巴来说，2008年是艰难的一年。大家可能觉得，2008年是中国的奥运年，所以会是很好的一年。但根据我们对世界经济和中国经济的判断，2008年是阿里巴巴的“老鼠年”，我们的战略是“深挖洞、广积粮、不称霸”，我们要做强做深，但不做大，我们不会在规模上横向扩展。2008年也是夯实基础的一年，我们要把业务做扎实，扎扎实实为客户服务。阿里巴巴一向是逢单出击、逢双休息，所以在2008年，我们不会把自己弄得非常高调，而是要低调。

2008年，我们要为过冬做好准备。由于美国的次贷危机以及中国和整个世界经济的问题，互联网行业可能会面临又一个冬天的到来。B2B在2007年年初本来不准备上市，年中却加速上市，是因为我们预感到冬天即将到来。从战略储备上来讲，我们已经准备好了过冬的物资，但是我希望所有员工要在心态、毅力和能力上为过冬做好准备。我不是危言耸听，这个冬天会很长。我这两年一直讲，**别人倒下去的时候，你还跪着，你就赢了。**阿里巴巴要变成最后一个还站着的人，这是我们的决心和意志。

阿里巴巴的所有员工要记住一点，我们对客户、对员工、对股东的承诺是：让天下没有难做的生意，要帮助全世界的创业者、中小企业成长。只有坚守承诺的企业、坚守承诺的人，才能够面对未来。所以，2008年，我希望所有员工记住自己在第一天加入这家公司时给自己、给公司、给同事、给客户的承诺。将来无论发展成什么样，承诺兑现的时候就是开始走向成功的时候。

过冬不等于我们会畏缩不前，“做强做深不做大”也绝不等于我们会放松内部的建设和业绩的提高。B2B上市了，我们兑现了对世界的承诺，这也是九年来我们对客户和19万香港股民的承诺，是对无数从来没有投过互联网和电子商务的基金的承诺。我们还是要踏踏实实地把业务做好。

开放、协同、繁荣

九年以前，阿里巴巴就确定电子商务是我们未来发展的方向。我们认为，**电子商务是互联网几大产业中唯一影响每个人的生活、影响国家与国家之间的交流、影响每个人未来的重要产业。**阿里巴巴集团一定会紧紧围绕电子商务，围绕中小企业和创业者。关于阿里巴巴要变成一家什么样的集团公司，主要有两种声音：第一，我们要成为中国电子商务基础建设的提供商；第二，我们要打造电子商务生态系统。我们可以为任何一家想从事电子商务的公司或任何一个人提供流量和客户。如果你要做批发，B2B可以为你提供客户；如果你要做零售，淘宝可以为你提供客户；如果你要进行支付，支付宝可以帮你解决；如果你要软件进行内部管理，阿里软件可以帮你；如果你要做广告、做品牌，阿里妈妈可以帮你解决；如果你要建网站，雅虎可以为你服务；如果你需要找一个小饭馆、需要租房，口碑网可以为你提供服务。十年后，任何一个普通人只要在阿里巴巴就可以开展电子商务。

我们每个人都要记住这三个词：开放、协同、繁荣。这是我们在2008年最重要的三个关键词。

开放是一种心态。如果心态不开放，阿里巴巴就不可能引进更多的合作伙伴，各家公司之间也不可能协同作战。如果我们不用一种开放的心态去面对所有的竞争者和所有的挑战，我们就很难走下去。

协同其实是一种团队精神。什么叫团队精神？有两个含义：一是平凡的人做不平凡的事情；二是不让队友失败。阿里巴巴的七家公司中，没有一家公司可以失败。所以我想，协同是指我能为别人做些什么。

繁荣是一个结果。我们具备了开放的心态、协同的价值观，最后能不能让中国的互联网行业、让中国的电子商务、让无数的网站和无数的中小企业都繁荣起来，这是我们考核自己的重要标准。

淘宝2007年的交易额过了400亿元，经过这几年的发展，从8亿元到80亿元，到169亿元，再到433亿元，淘宝交易额增长的速度是惊人的。但是，淘宝今天还是一个孩子。我的理想是淘宝今年必须完成1000亿元的交易额，明年要达到2000亿元。十年内，淘宝的交易额要超过沃尔玛全球的交易额。沃尔玛一年的全球交易额是35,000亿元，而我们今天一年只有400亿元，要在十年内超过沃尔玛，大家觉得好像不太可能。但是，四年前我们也没有想到自己在2007年能达到400多亿元。如果不去想，你就肯定不会去做。今天，人类社会的特点已经从20世纪的信息为制造业服务，变为信息为消费者服务。所以，我认为未来的时代不是属于沃尔玛的，而是属于淘宝的。

关于淘宝网，我还有一个理想，就是希望在我离开这个世界之前，能看到淘宝网一年的交易量突破10万亿元。10万亿元是什么概念？2006年，全中国的零售总额加起来是7.6万亿元。10万亿元是一个很艰难的目标，但我想如果我们努力，还是做得到的。

要有这样的理想，你才有可能做一些影响全人类的事情。今天B2B也一样，虽然大家觉得B2B做到现在为止已经很厉害了，但我认为我们的B2B还有大量的商业模式需要改变。即使我们实现了帮助中国4300万家中小企业成长的目标，也还有更长的路要走，因为亚洲乃至全世界还有无数的中小企业、无数的创业者需要我们。

所以，我们要走的路还很长，我们还很年轻。如果说从今天开始你们就忘掉了当年的承诺，那你们就是没出息的人，我不希望阿里巴巴是由一群没出息的人组成的一家没出息的公司。

很多人很赞同我讲的“永不放弃”这四个字。**同意别人的观点很容易，但是有几个人能真正做到“永不放弃”呢？**你不要因为今天开始有点小钱、有点地位，外人看你的眼光发生了变化，就自我感觉良好，整个人就开始变了。有些东西是绝对不能变的，那就是：使命感、价值观和承诺。我给大家做一个承诺，如果十年后你们还待在这家公司，工作的热情仍然像今天一样的话，那你们将会成为中国乃至亚洲最富有、最成功的员工。

经常有人问我：马云，你怎么预测未来的电子商务和世界经济发展的形势？我想，**预测未来最好的办法就是去创造未来**。所以，坚守承诺、言出必行，这是每个阿里人都必须具有的品德和素质。

第16章

全球视野，当地制胜*

* 2008年5月28日，在广东学习论坛的报告。

◇绝大部分年轻人晚上想了千条路，早上起来还是走原路。

◇虾米理论：我们不想在海里面抓鲸鱼，我们只抓虾。

◇互联网必须是创造性的，如果不具备创造性，人类社会不会因它而改变。

◇互联网不是一门技术，而是一种文化。

◇中国一定成为全世界最强大的互联网国家，这是由中国的人口基数所决定的。

◇全世界只有一个游戏是人们玩不腻的，那就是赚钱。

◇作为创业者，不能等机会好了以后再做，没有机会，就要创造机会。

◇制造业一定会走向定制化生产，一定会走向按需定制。

◇被竞争对手打败有四个原因：第一是看不见对手，第二是你看不起对手，第三是看不懂对手，第四是跟不上对手。

◇电子商务一定会成为互联网的制高点。

◇机会永远在危险中，不在危机中找机会，你就永远不会赢。

◇打天下关键在于眼光和胸怀。

技术是为人服务的

我不是技术人员，到今天为止，我只会用电脑的两个功能，一是上网浏览网页，二是收发电子邮件。这么多年来，我一直认为技术是为人服务的，人不能为技术服务。我相信全世界80%的人跟我一样，我们害怕技术，不懂技术，但是我们向往技术。大部分人总是讲自己的产品多么高科技，其实，把技术说得越高，离客户越远。我一直跟我们的工程师沟通，我说，如果你们能让我会使用你们研发的技术，那我相信中国80%的人都会使用；如果我不会用，一般来说，这个市场就会越来越小。不是技术人员，却创办了一家技术公司，我是一个典型案例。

九年以前，也就是1999年，我创业的时候有一个想法。我想，如果我们这些人能创业成功，那中国80%的年轻人都能创业成功。我高考考了三年，不懂技术，也没学过管理，十几年以来，我跟我的团队在整个中国互联网发展的形势下走到现在。尽管今天大家说我们公司的规模已经不小了，但它毕竟才九年。在中国，活了20年还发展得很好的企业还很少。我们把自己定位成要活102年的公司，因为我们公司是1999年诞生的，上个世纪活了一年，这个世纪希望活100年，下个世纪再活一年，总共是102年，横跨三个世纪。

你给团队的任何一个目标都必须很明确，如果目标不明确，比如我说我们要成为一家百年企业，这就是一句空头口号。我每年给公司制定的团队目标都非常明确。2002年，我提出全年赢利一块钱，因为2001年的时候，我们亏损了几百万元，所以我说2002年我们要开始赢利了。赢利多少呢？赢利一块钱。之所以提出赢利一块钱，是因为所有人都明白，我努力一下，赢利一块钱是可以做到的，比如我出去的时候把电灯关掉，或者我多做一个客户，就可以为赢利一块钱做出贡献。如果我说赢利几百万元，那大家都没有目标。

我最怕的一件事情是，我们把自己当成一家成功的公司，十年的创业经历告诉我，每次我有成功的感觉时，就要开始倒霉了。所以，在102年的时间里，我们不能说自己是一家成功的公司。假如我们活到了102年，哪怕最后几天我们失败了，我也认为我们是成功的。所以，我们的目标就是做活到102年的企业，电子商务的发展在中国刚刚开始。

我们不能从阿里巴巴的现状来看电子商务的发展，而应该从九年前创立时的阿里巴巴，以及十年以后的我们来看中国整个电子商务和互联网的发展历史。我可能是中国第一个建立互联网商业网站的人。1995年以前，我在大学教书，教了六年半的书。一次偶然的机会，我应邀去美国做一场翻译。在西雅图，我这辈子第一次敲电脑。我在网上没有找到关于中国的任何信息。于是，我把当年在杭州创办的海博翻译社的情况做成了一个很简单的页面，说我们的地址在中国杭州，我们的电话号码和传真号码是多少，我们翻译13种语言，中文翻英文多少钱，英文翻中文多少钱。我们是上午九点半把这个网页挂到网上的，到了中午十二点半，我们收到了六封电子邮件，有美国来的、德国来的，还有日本来的。他们说，这是我们第一次在网上见到有关中国的东西，你们在哪里，我们想跟你们合作。

所以，那时候我就隐隐约约地感觉到，这个东西将来不得了。我是教英文和外贸的，我那些学外贸的学生天天头疼怎么把东西卖出去，我就想，如果能把中国的东西放到网站上，那效果一定会很好。我在美国大概待了28天，回到杭州，我就跟我们学校的校长说我要辞职，办一家互联网公司。我们校长是学计算机的，他听了以后说，我不知道你说的是什么，我听说过这个互联网，我建议你不要做这个。但是，我觉得互联网会带来改变，至于到底会怎样改变，我也不清楚，反正我就是想创业。

晚上，我邀请了24个我的同学、朋友、学生，到我家里开了两个小时的会。这两个小时里，我讲得唾沫横飞的。最后，我觉得我没有讲清楚，他们也没有听懂。两个小时后，我们投票表决，23个人反对，一个人支持。支持的这个人是在浙江农行工作的我的学生，他说你真想试试就试试，不行就赶紧逃回来。

成立中国黄页

我想了一个晚上，第二天早上，我决定继续，我一定要成立这家公司。不管怎样我都要试一下，不试的话，我会后悔的；试过了，即使失败，我也不后悔。我可能走了一条和中国的很多年轻人不同的路，**绝大部分年轻人晚上想了千条路，早上起来还是走原路。**晚上想我今天要创业、明天要干吗，第二天又踩个自行车上班去了。做了决定以后，我就辞去了大学讲师的工作，那时候我的级别相当于副处级，我是学校的外办主任。我借了两万块钱，成立了中国第一家互联网公司，叫作chinapages.com，中国黄页。

那个时候，1995年的二三月份，中国还没有连入互联网，我们怎么做这个生意？我们的商业模式极其简单，我们去找那些工厂，问他们想不想把企业的资料放到互联网上去，让人家查到你，跟你联系。几乎没有人相信我，他们说你这个东西肯定不存在，都没听说过。那时候没有互联网这个词，我大概是第一个把internet翻译成中文的人，我把它译成因特网。为了宣传，我想了一句话，叫作因特网将改变人类生活的方方面面。但是这句话马云说出来没用，所以我编了一下，说比尔·盖茨说因特网将改变人类生活的方方面面。

1995年，中国有些媒体说，世界首富比尔·盖茨说互联网将改变人类生活的方方面面，其实这句话是我原创的，盖茨那时候还是反对互联网的。即使是这样，我们还是做得极其艰难，大家认为你是个骗子，你讲的东西根本不存在。我跑到一家公司，跟他们讲，我帮你们把资料翻成英文，寄到美国西雅图，在那边做成网页，放到网上。我给你们一个电话号码，你们可以打到美国，让那边的人上网查查看，如果能查到你们的网页，就付我钱，如果没有，就不付钱。

但是，绝大部分人即使看到有，也不给钱，因为他们觉得这个东西不存在。让我感觉到互联网有希望的一件事情是，1995年6月，我到杭州西湖边上的望湖宾馆，说服了那个总经理。我们做了一个望湖宾馆的介绍网页，然后把它挂到了互联网上，等了一个月，没有效果。第二个月，网上来了份订单，因为1995年9月，联合国第四次世界妇女大会在北京召开。大会召开之前，几个美国妇女上网搜中国的宾馆，找到的唯一的宾馆就是望湖宾馆，她们说我们就住望湖宾馆吧。望湖宾馆在杭州，离北京1000多公里，最后这几个妇女专门从北京飞到杭州住了一个晚上，因为她们说这是她们在网上订到的第一家中国宾馆。

从那时候起，我们感觉到，这个东西如果做好了，一定会对中国有利，所以我们就叮里哐啷开始做起来。当然，非常艰辛。我们跟中国电信竞争，

1996年、1997年的竞争极其惨烈，因为他们有的是钱，我们只有两万块钱，每一分钱我们都花得很小心。我们谁都弄不死谁，最后，他们说，我们合资吧。我们就跟中国电信合资，他们占70%的股份，我们占30%的股份。合资的这一年可能是我经营企业过程中最困难的一年，因为当时国企的想法是，我占了70%的股份，我就要把你给灭了，自己做。所以，这一年我们极其痛苦，我就跟六个同事讲，这样不行，我们得重新来过。

理念上的分歧

1997年年底，应国家外经贸部的邀请，我们去了EDI中心，帮外经贸部做电子商务和互联网。那时候我的想法跟现在的很多人一样，这些东西应该政府来做，政府一定能做得很好，我们民营企业、个体经济干到死都干不好，中国电信也干不起来。我们在外经贸部干了13个月，这13个月里，我们做了中国第一个网上商品交易市场，被石广生部长称为“永不落幕的交易会”。

外经贸部的官方网站也是我们做的。这13个月里，我们挣了不少钱，在关键理念上，我们也有了巨大的变化。1998年年底，我跟我的老板产生了很大的分歧。他认为EDI，就是电子数据交换，是电子商务未来的出路；我认为EDI不是出路，互联网才是未来的出路；我认为我们应该帮助中小企业去成长、去发展，我老板认为应该帮助国企、大企业；我认为应该帮助客户，让客户赚钱，让客户富起来，为他们创造价值；我老板的想法是控制和管理客户，把他们死死铐在身上。我认为他的观点没有错，从他的角度来考虑，这样想是对的，而我认为做企业必须为客户着想，必须依赖市场，而不是手头的资源、权力。

这些想法不一样以后，我决定重新来过。这个时候是我最痛苦的时候，我们的企业经营得很好，业绩也不错，但必须重新来过。这条路走下去一定是死路，因为双方的观念不一样，很难在一起，他很聪明，我们也一样。我对跟我去北京的几个年轻人讲了这么一番话，这番话影响了我十年。我说，我坚信电子商务在未来会以互联网为主要手段，我坚信如果我们围绕中小企业做，为客户创造价值，真正为他们服务，一定会成功。而且，互联网这个市场将会越来越好，尽管今天中国不太认同互联网，但总有一天，互联网会改变人类社会。我说我准备重新干，你们可以留在外经贸部（当时EDI中心是特殊事业部门，一个月四五千块钱的工资，待遇还不错），也可以去雅虎（那时候雅虎请我当中国区总裁，年薪也有百万元，但我觉得雅虎的路走不通），或者去新浪，一个月一两万块钱。如果你们想跟我回家创业，只能到我家里上班，我的条件是：一个月500块钱工资。干十个月，如果失败了，大家一起找工作；如果成功了，大家一起往前走。每个人住的地方离我家步行不能超过五分钟，因为我知道大家没钱坐出租车，留好十个月的生活费。大家回去想三天，三天以后告诉我决定。

结果这六七个年轻人出去想了三分钟，就回来跟我说，我们一起回家，重新开始。那天，我们觉得肩上担负了一种使命。来北京这13个月，我们没有去过长城，第二天，我们在长城上拍了张照片，这张照片现在放在还我们公司里。那天长城上特别冷，一个同事号啕大哭，说这辈子一定要创造一家让中国人感到骄傲的公司。我现在做梦经常会梦到这一天。就这样，我们从北京迁回了杭州。

关键是眼光

在杭州，1999年2月21日，我请了17个朋友，包括我在内，这18个人都不懂互联网。今天的阿里巴巴比较成功，大家都认为我们这18个人是金刚不坏之身，其实当时招人真难招。前两天，我跟阿里巴巴五六百个干了五年以上的、身家上千万元的员工开会，问了他们一个问题。我问，你们今天成为富翁，成为有钱人，是因为比别人勤奋，还是比别人聪明？我认为比我们这些人勤奋的人很多，比我们这些人聪明的人也很多，反正我不聪明，高考考了三年，数学第一年考了一分。我不觉得我聪明，但我觉得我能坚持。聪明的人都被别人挖去了，聪明的人都创业去了，我们这些人没人来挖，也没人来请，我们就傻干了九年，干成了今天这个样子。那时候确实很难招到人，我们开玩笑说，街上不是太残疾的人都被我们招来了，没人听说过互联网，没人相信阿里巴巴。为什么阿里巴巴的创始员工意志极其坚强？因为我们经历过很多残酷的日子。

那17个创始人来到我家，其中一个创始人带了一个小摄像机，把我们当时一个多小时的交谈，以及我的想法录了下来。我说我打算从今天开始创办一家公司，在电子商务领域专注为中小企业服务。这三年的经验——从中国黄页到中国电信，到外经贸部——告诉我一点：大企业不需要电子商务。我发现，很多国企、大企业之所以做电子商务，是因为老板要他们做，竞争对手要他们做，因为做了股价会涨，并不是真正需要电子商务。

所以，我们决定创办一家电子商务公司，帮助中小企业走下去，一直走到实在走不动为止。我们说，不许向父母、朋友借钱，年轻人创业愿赌服输，不要把父母的退休工资给花了，所以我们18个人一起凑钱，总共凑了50万块钱，开始走上了创业之路。

到今天为止，虽然我们已经有一万名员工、七家公司，其中一家公司上市——B2B在香港上市，但我们觉得，电子商务的发展刚刚开始。前面九年的路程让我们思考，为什么阿里巴巴能走到今天，能活下来？我想，有这样几点经验可以跟大家分享。

第一，我觉得我们活下来的最重要的原因是，我们贯彻了第一天在湖畔花园讲的核心战略，就是东方的智慧、西方的运作、全世界的大市场。那时候，有件事情对我刺激很大。在我们创业之前的一个月，我被新加坡政府邀请去参加亚洲电子商务大会。当时电子商务在亚洲还很不发达，我不知道主办方为什么请我，直到今天为止，我都对邀请我的人心存感激。在亚洲电子商务大会上，观众全是西方人，台上讲话的全是美国人，举的例子全是美国的例子，没有一个人提到中国。我站起来发言说，中国是中国，亚洲是亚洲，美国是美国，美国的电子商务在中国未必有用，我认为美国人篮球打得不错，而中国要发挥乒乓球的优势。

从新加坡回中国的路上，我在飞机上想到一个问题，中国加入WTO只是时间问题，加入WTO以后，前五年一定是以出口为主，后五年是以进口为主。我当时在外经贸部，天天讲的就是入关、入世这些东西。我们必须立足中国，同时必须学习西方运作。什么是西方运作？西方的人才、资本市场的透明开放程度比我们高，我们必须面向全世界的市场，用全世界的眼光看问题，否则我们不会赢。

当年徽商胡雪岩讲过，生意越难做越有机会。关键是眼光，你看到一个城市就做一个城市的生意，你看到一个省就做一个省的生意，你看到全世界，就可能做全世界的生意。所以，这么多年来，我们的团队一直坚持这个战略，就是东方的智慧、西方的运作、全世界的大市场。阿里巴巴的大部分高层都在国外读过书，懂得西方运作；我没有在国外读过书，但我对自己的英文有自信，因为我十二三岁就在西湖边上抓老外练英文，练了九年。

第二，我们一直坚持全球视野、当地制胜，这是我们在1999年确定的第二个战略。前几年，中国听说过阿里巴巴的人很少，但海外听说我们的人很多，原因是什么？从1999年公司创立的第一天起，我们就提出一个方向，我们认为，未来阿里巴巴最大的对手在美国、在以色列，不在中国。所以，我们紧盯住美国，美国出现eBay我们研究，美国出现雅虎我们研究，美国出现谷歌我们研究。

很多人说我们在中国比较狂妄，说这家公司怎么这么狂，事实上不是狂，是我们从第一天起就把自己定位在这个高度。你必须知道全世界最先进的互联网技术，你必须盯住美国，才有可能赢。在中国独特的环境下，在基础设施这么糟糕的情况下，你必须知道怎样才能活下来，走一个独特的中国模式。在中国，我觉得有一家公司非常有意思，就是深圳的腾讯。腾讯的商业模式很有意思，QQ这个东西在全世界看来很奇怪，这玩意儿怎么会发展得这么大？我认为它会越来越大。腾讯最早的产品是ICQ，QQ是在ICQ的基础上做起来的，但ICQ失败了。为什么QQ能在中国做起来？因为腾讯非常明白中国需要什么，中国的现状是怎样的。

与美国相反的模式

其实，阿里巴巴B2B是做了一个与美国相反的模式。事实证明，我们这条路走对了。当时，美国最著名的电子商务公司叫作Ariba，股价一度达到386美元，今天它的股价大概只有几毛钱。电子商务最有意思的概念是什么？电子商务为企业节省了大量时间，大大提高了效率，传统的信息化观念就是无纸化办公、网上采购。那时候，我觉得我们团队做的方向不对。美国人关注大买家，为买家省时间、提高效率，我想，如果我们照搬美国的思路，一定是错的。

中国是什么样的？中国大企业的决策不是制度化、流程化的，而是拍脑袋，老大说了算，所以美国的这套思路根本不适用。另外，为美国人省时间很好，但为中国人省时间不靠谱，因为中国人有的是时间，要赚钱，不需要省时间。所以，我们做了与美国人相反的动作。美国人抓大企业，我们抓小企业；美国人帮助买家，我们帮助卖家，因为只要让卖家把东西卖出去，他们就会付钱。

而且，我们不是帮人省时间，我们是帮人挣钱。从电子商务的角度来说，我们的思路是帮助中小企业把东西卖出去，帮助中小企业出口，这个思路就叫作全球视野、当地制胜。我们看重美国的技术，到今天为止，我们对eBay的技术、谷歌的技术、微软的技术、雅虎的技术一直是盯得很牢的。你必须知道谁是世界上最好的，向它看齐，向它学习。

第三个阿里巴巴活下来的重要原因是，我们没有靠政府，没有像传统的IT企业一样上门找政府，说你给我一些政策，我帮你做一套政府解决方案。我们也没有找大企业，说搞定一个人，就可以拿到一份订单，可以活几年。我们没有依靠政府，没有依靠大企业，我们锁定中小企业，一切靠市场机制的运作。

我们曾经敲过政府的门。1995年，我在中央电视台录节目，编辑给我拍了张照片，审片的人看到后说，马云这个人一看就像坏人。我看起来确实像坏人，但我卖的东西确实不坏。那时候政府不能接受你，大企业也很难接受你，因为他们觉得比你强的人太多了。只有自己强大了，大企业才会找上门来。所以，我们提出了一个虾米理论。我们不想在海里抓鲨鱼，我们只抓虾，抓住虾了，鲨鱼一定会跟着虾来。

中小企业就是靠市场，因为没有哪家中小企业愿意今年付你两万块钱，明年继续付你两万块钱，如果没有效果，人家一定不会付钱。我们就是以此来检验互联网到底有没有效果，阿里巴巴的电子商务到底有没有效果的。其实，以我们今天的品牌，我们可以和客户签三年的合同，让客户连付三年的钱，但我们不允许这样做，最多只能签两年。我们要一年一年签，一年一签的目的是让客户知道我们到底好不好，他觉得你好，才会付钱，这对我们来说是很大的挑战。

事实证明一点，你必须为客户创造价值。我认为，任何企业在初期都需要依赖市场。我很感谢浙江的很多政府官员，这么多年来，我没有做过一个政府项目，给钱我也不做，但我可以告诉你电子商务是怎么回事，互联网是怎么回事。我们刚好做了一个跟其他IT企业相反的动作，我们纯粹依赖市场、依赖客户、依赖中小企业。

当然，还有第四个原因。我们从创业走到现在，从18个人发展到一万名员工、七家公司，我们犯了无数的错误，很多错误是极其愚蠢的，今天看来，自己都觉得可笑。我希望将来写一本书，叫作《阿里巴巴的1001个错误》，跟大家分享我们的经验教训，这些成败得失会对很多创业者有启迪，会对所有从事互联网和电子商务的人有帮助。今天书店里有很多写阿里巴巴的书，但没有一本是采访过我的，我没办法告人家，一告就把事情搞大了。

互联网的三个特性

互联网为什么能发展到现在，而且影响力越来越大？互联网是制高点，我深信不疑。1969年冷战时期，美国担心其计算机信息系统一旦被炸，整个美国将处于瘫痪状态，所以美国国防部研发出一个项目，把计算机信息系统分布到全国各地。最初的体系是将四所大专院校的计算机连接起来，后来加入的学校和企业越来越多，形成了今天的互联网。

我不是学者，只是一个创业者，从1995年走到现在，对于互联网，我认为有三样东西是不能忽略的，第一是它巨大的影响力。互联网是一个超越媒体的媒体，我不想做学术性的探讨，只想讲一下自己的感受。大家想想看，从报纸到收音机，到电视，到今天的互联网，媒体对人类的影响越来越大。我们的孩子出生在互联网时代，他们认为互联网就是生活的一部分，互联网对他们的影响极大。除了生活，互联网也影响到了经济。我坚信一点，十年以后，70%的商业行为将在互联网上进行。政治也一样，美国的选举拉票也在互联网上进行。所以，互联网的影响力非常大。

第二是互联网的创造性。互联网聚集了全世界人类的智慧、文化以及各种各样最新的想法和创意。我觉得，阿里巴巴有今天，要感谢中国经济的高速成长，感谢互联网这个技术，还要感谢团队的聪明智慧。互联网是凭智慧、知识发展起来的行业，每个人都可以把自己的知识和想法放到网上，每个人都可以在网上创业，每个人都可以在网上创造各种各样的东西。

阿里巴巴的员工很年轻，整个集团员工的平均年龄是27岁，淘宝网员工的平均年龄是二十三四岁。管理聪明的人很难，因为聪明人互相都看不起，每个人都觉得自己是最牛的。我不知道世界上有多少公司可以管理15,000个大学生，我没有看不起工人的意思，但管理工人确实要简单得多，而管理高科技的人很难。

我们公司就像一个动物园，各种各样的人都有，有的人一分钟可以讲很多话，有的人五天不讲一句话。创业的时候，我们有个工程师，我问了他一个问题，他一声响也没有，不回答我。三个小时后，我都忘了问他什么了，他突然告诉我答案。这些人都很奇怪，各种用脑子思考的人组成了今天的阿里巴巴。我今天不可能用一句话说出阿里巴巴是用什么样的管理制度、什么样的价值观体系发展到今天的，因为事实不会如此简单、机械，但在这里，我想告诉大家的是，互联网必须是创造性的，如果不具备创造性，人类社会就不会因它而改变。

第三是颠覆性，这是最可怕的东西。颠覆性打乱了我们很多现实生活中的思考。我讲一个最简单的例子。电子商务对税收部门的挑战极大，如果你不适应它，一定会被搞得乱七八糟。为什么美国这么多年来对电子商务不征税？因为要控制互联网是不太可能的，如果非要控制，最后的结果可能就是用机枪打蚊子。

互联网的这三个特性——影响力、创造性、颠覆性，对各个行业的冲击是很大的，我们应该从另外的角度去思考它，不要把它当洪水猛兽。人们看到的总是负面的东西，看不到正面的东西。如果我们能正确认识互联网的这三个特性，就可以利用好它，发展好它。创业十多年来，我的经验告诉我：互联网不是一门技术，而是一种文化。

互联网的四种精神

据我观察，阿里巴巴和全世界活到现在的互联网公司能一路走来，有四个原因。第一是开放，开放是互联网最重要的精神。微软为什么能打败IBM？微软的操作系统为什么能打败苹果的操作系统？因为微软采用的是开放的系统。为什么当初雅虎能发展起来，而今天谷歌又打败了雅虎？为什么微软要收购雅虎？这些案例都证明一点：谁不开放谁失败；谁以前开放，后来封闭了，谁失败。所以，开放性是互联网的一种精神、一种文化。

第二是分享，第三是全球化，第四是责任感。这是互联网的四种精神。我觉得在未来的人类社会，不管是什么样的商业组织、学术团体、政府机构，要想成功，都必须具备这四种精神。

我常常想，为什么我不懂技术，还搞了一家技术公司，而且快快乐乐的？我从来没觉得自己不懂技术是一种耻辱，或者为此感到难为情。我觉得外行是可以领导内行的，不懂没关系，关键是要尊重内行。我从来不跟工程师吵架，他们讲的东西我听不懂。他们说，你怎么这样想？我说对不起，我是你们的老板，我觉得我的想法代表了中国80%不懂计算机的人的想法，你们只要做出我会用的东西，就成功了。至于怎么做，我从来不干涉他们，因为我听也听不懂。

这就是我开放的心态。我不懂技术，却可以把中国最懂技术的人请来，把世界上最懂技术的人请来，尊重他们，但他们得按市场的需求走。开放使得阿里巴巴有了今天。阿里巴巴虽然是中国人创办的，但它不是中国人的公司，这是我1999年成立这家公司的时候跟员工讲的话，我们要成为一家全球化的公司，不能给自己贴上“我是中国人”的标签。到去年11月6日上市之前，我们在全世界200个国家有360万客户，我们的很多客户搞不清楚阿里巴巴是哪个国家的，因为我们没有说过自己是中国的。

为什么不说阿里巴巴是中国人的公司？因为如果说了，我可能就请不到日本人，请不到韩国人，请不到法国人。我希望我们的员工说阿里巴巴是阿里巴巴人的公司，我们接受各种文化，接受各种思想。加入阿里巴巴的人要有一种开放的心态，也要有一个目标，就是坚持我们的使命——让天下没有难做的生意。只要你能帮助中小企业，让它们的生意越做越简单，哪怕你是火星人，我也请你；如果你不按照我们的使命走，就算你是我爹，我也要把你请回去。这是我们的原则。

第二是分享。微软诞生后，它的垄断够厉害吧。之后雅虎出来了，大家又说雅虎太厉害了，它更加开放，做到一定程度后，又开始做媒体。接着，全世界的知识在搜索引擎进行分享，谷歌又起来了。还有吗？大家想，这下总没有了吧。好，又出现了Myspace、Facebook，这些东西全是小孩子在网上分享的。分享使得这个社会越来越厉害，如果没有分享的思想，互联网肯定是发展不起来的。我是老师出身，老师创业，心里永远没底儿，因为作为老师，我有知识才敢教别人，没有知识怎么教别人？我做互联网，但我不懂互联网，我老担心这些人不干怎么办，所以，当我看到一些西方的思想和想法时，我觉得应该和大家分享。我们公司有一万名员工，9000多人都有股票，每个员工都可以分享我们的财富。我们用分享的态度走到现在，我们的想法是让客户分享你的技术，让员工分享你的财富，让股东分享你的财富。财富一定要分享，技术一定要开放，只有这样，才能发展。

第三，全球化。今天，全球化已经成为势不可当的趋势，中国前几年是想办法融入世界，现在是想拔也拔不出来，只能去适应世界。互联网从诞生的第一天起就是全球化的，我们必须从全球范围来看它。五年以前、八年以前，美国或欧洲的一个地方发生一件小事，我们是不可能知道的，而今天，任何一件事情，我们马上就知道了。技术是属于全世界的，你不能把它藏起来，必须跟全世界分享，全世界发现的东西，你也可以享用。企业要有全球化的视野，你的对手不在你身边，不在你们村，不在你们镇，不在你们市，而是在另外一个地方，你永远不知道对手在哪里。所以，阿里巴巴人很累，我也很累，我这个人长得那么难看，还要天天想对手在哪里，怎样才能发展得更好，怎样让客户开心，怎样不被eBay、微软打败，因为你不知道对手在哪里。在浩瀚的互联网世界，以色列经常诞生新的想法，美国经常诞生新的想法，现在北欧也有很多新的想法，你必须去研究它们。

第四是责任感。今天，大家都在谈责任，社会责任、公民责任、家庭责任。这七八年来，我可能是中国企业界出国最多的。因为我是学英文的，我运气比较好，各个论坛我都去，从克林顿到巴菲特，到杰克·韦尔奇，这些世界顶尖的人是怎么考虑问题的，我都去了解。

互联网是一把双刃剑

六年前的达沃斯论坛讲到社会责任感，我的印象极深，那时候我搞不明白什么是社会责任感。在那次论坛上，有两个人给我留下了深刻印象，他们的思想后来被我贯彻到阿里巴巴的运营体系里。第一个人是穆罕默德·尤努斯，他是诺贝尔和平奖获得者，帮助了孟加拉国的很多贫穷妇女。他说，绝大部分人都认为，企业越大，诚信体系越好，但我认为穷人的信用体系也不差。他讲了自己在美国学到银行法，然后回孟加拉国搞试验，逐渐发展起来的经历。事实证明，他说的是对的。我坚信中小企业的信用体系不比大企业差，阿里巴巴能有现在，就证明中小企业的信用体系比大企业更好做。

第二个人是索罗斯，从那天以后，我对他有了新的认识。他说，我认为企业的社会责任感首先应该是企业要挣钱，企业不挣钱，别人就要为企业承担责任；只有企业挣了钱，才可以为别人承担责任。那时候我在想，如果互联网不承担责任，那麻烦就大了，因为互联网是一把双刃剑，它的颠覆性、影响力、创造力不用好的话，将是极其可怕的。

在前年的达沃斯论坛上，主持人问我的第一个问题是：你怎么看中国互联网的管制行为？我说，我是中国第一个做互联网的人，到今天为止，我还活着，这说明中国的环境并不差，中国互联网的发展还是不错的，但必须管理，假设不管理，我儿子天天在上面玩游戏、看色情网站，那将是极其可怕的。上个星期我在盖茨家里，别人也问到我这个问题：你们中国不让人看到互联网上的某些东西，你怎么看？我说，其实互联网上并不是所有东西都可以看到的，任何国家都不会把所有东西给人们看，中国如何真控制，怎么可能有2.1亿的互联网用户，怎么可能诞生全世界最大的电子商务B2B公司？我不是因为自己是中国人才这样说，而是因为我是互联网人，我们要从正面的角度来看这个问题，如果不加以控制，网上传播的东西将多么可怕。

如果互联网公司不承担这种责任，在为社会做出贡献的同时，给社会带来的负面影响也是非常大的。所以，我认为互联网不是一种技术，而是一种文化、一种精神。21世纪的人类社会，必须是开放的，必须是分享的，必须是全球化的，必须承担责任。这四个要素使得阿里巴巴走到现在，使得互联网越来越强大，这是我对互联网的认识。

过去这四年来，我坚信一点：中国一定会成为全世界最强大的互联网国家，这是由中国的人口基数决定的。人口是中国整个经济发展的基础所在。前两年，美国人经常笑话我，说在中国做互联网，政府控制，基础建设又差，你还搞什么电子商务，这不是瞎掰吗？我说（虽然是开玩笑，但我确实是这么想的），你们美国人口只有2.8亿，而我们中国人口基数大，我们搞三四亿人上网，只需要三五年的工夫，你们2.8亿人生三四亿孩子，就算不搞计划生育，还要20年呢！

谁能想到今天中国有这么多手机用户？我们有一个很好的先天市场，我们有人口基数，但我们后天可能欠缺一点，就是技术方面落后一点。在信息产业中，只有互联网能让我们有唯一的机会跟世界几乎处于同一起跑线。大家想想，如果让我们在操作系统上跟微软竞争，我觉得相当难，在芯片上跟英特尔竞争，我看难度也非常大。但是在应用领域，以技术为手段去发展电子商务，我们已经有很好的成功案例，比如深圳的腾讯，还有阿里巴巴。

我相信，在中国巨大的人口基数和经济环境下，一定会诞生更多的新型力量，中国的互联网人口在达到3亿或3.5亿以后，一定会出现爆发性的增长，而且各种创新也会涌现出来。那时候，中国将成为全世界最强大的互联网国家。在最强大的互联网国家中，一定会诞生最强大的互联网公司，而互联网公司凭着它的开放、共享、全球化和责任感，将会影响整个中国经济、政治的各个方面。

电子商务的三种模式

互联网发展到今天，形成了三大支柱产业，即三大板块。第一个板块是新闻媒体，以门户网站为主，比如中国的新浪、搜狐、网易，美国的雅虎、MSN，这些网站基本是以文化和意识形态的形式存在的。我认为这个板块很难做得非常大，因为全世界的意识形态是很难统一的，而且这些东西也比较敏感。第二个板块也是中国做得登峰造极的，就是娱乐板块，那真是蓬勃发展。一般来说，娱乐行业在时间不值钱的国家发展得特别快，而且很多国家把游戏产业作为出口产业。世界上的游戏产业大国是美国、韩国、日本，这些国家的游戏以出口为主，他们让其他国家的人去玩游戏，不会让自己国家的老百姓和孩子去玩，这是他们的国家政策、国家战略。

第三个板块是最难做的，就是电子商务。我们九年前踏上这条船，一直走到现在，真不是因为我们有远见，而是因为我们没有办法。电子商务是互联网的制高点，我坚信一点，只有商业能让全世界的人沟通，因为**全世界只有一个游戏是人们玩不腻的，那就是赚钱**。不管你是哪个国家的人，你都会认美元、英镑。商业是互联网中最高级的应用。

在这三大板块中，电子商务又有几种主要模式。第一种模式是2000年以前，在美国诞生的第一个B2C网站——亚马逊，亚马逊的CEO贝佐斯后来成为1999年《时代》杂志的封面人物。他推出了网上购书的生意，当时他的想法很简单，所有的订单从网上来，自己买了大量的书和音像制品，然后用仓储、用美国的物流体系开始为用户定制。今天，亚马逊仍然是全世界最大的B2C网站。

第二种模式是全世界第二大电子商务公司或者是第三大互联网公司——eBay，它是C2C网站，是个人的拍卖网站。

第三种模式是B2B，也就是企业与企业之间的电子商务网站，这种模式实际上是在中国诞生的，最早出现的网站就是阿里巴巴。

全世界电子商务的模式基本上就是B2C、B2B、C2C这三种，三种商业模式的关联已经基本打通，纯粹的B2C、C2C或B2B很少。今天，这三种商业模式都发展得非常不错。亚马逊的商业模式是网上零售，它现在的市值大概是200亿美元；eBay是个人与个人之间的电子商务交易模式，它现在的市值是400多亿美元；B2B阿里巴巴刚刚上市，市值是200多亿美元。

做什么挣钱最快

我们应该怎么去看电子商务？电子商务到底会给人类社会的商业行为带来什么样的改变？五六年以前，我和风险投资顾问聊天，他问我一个问题：马云，什么样的商业模式是最好的商业模式？这五六年来，我一直在想这个问题，什么样的商业模式最好，做什么挣钱最快？我想，这可能是几乎所有做生意的人都在想的一个问题。想了很久，我突然想到有一种模式是全世界最好的商业模式，那就是国家。国家是最好的商业模式，地不是它的，但它可以卖地，不管多大的企业，都要交税。这跟商业运营的道理和套路其实是一样的，但这种模式谁做都吃不消，你说你去非洲搞一块沙漠，说这是我们国家的，这是我们自己的，马上给你灭了。

既然国家是最强大的商业机器形象，那么，有没有可能诞生一个新的国家？我今天不是危言耸听，我想讲讲30年以后这个世界会发生什么事情。30年以后，如果我还活着，我们可以回过头来看看有没有这样的事情。国家最早是怎么诞生的？就是河边有一群人在做买卖，生意越来越多，就开始吵架。有两个人不服，找到族长。族长，你看是张三对还是我对？族长说，张三对。这样，族长就变成了法官，出现了法院。后来，大家不相信族长说的话，族长就找了几个打手，于是出现了警察。大家天天这么吵架也不行，所以又搞了一些规矩出来，这样就有了法律。

有了法院、警察、法律以后，经济形势越来越好，别的部落来抢东西，军队随之出现，国家机器最早就是这样出现的。我突然发现，互联网上出现了和国家诞生几乎一样的现象。阿里巴巴是怎么出现的？很多中小企业说我要买圆珠笔，还有一些中小企业说我要卖圆珠笔。买的人越来越多，于是各种各样的纠纷层出不穷，谁来制定规则？我们来制定规则，游戏规则就是这样的，有人不服，说凭什么这样？你不服可以离开，马上把你的IP地址一封，你就得走人。我们有自己的法律，我们有自己的安保队伍，我们有自己的防盗系统，由于我们制定了这些游戏规则，你会发现阿里巴巴的市场越来越大，淘宝网的市场越来越大。

我们现在有400多万家中小企业客户，分布在200多个国家和地区。很多人在阿里巴巴上做进出口贸易，不是中国跟世界做生意，而是什么阿根廷跟印度做生意，印度跟美国做生意之类的。我们公司可能是最早预感到要爆发伊拉克战争的，当时我们发现中东采购生活类产品的交易多了起来，估计是人们在储备这些生活资料，那时候我们就感觉到战争要爆发了。

我做了这么多年的B2B、C2C，我想告诉大家，这条路将会越走越宽。30年以前，比尔·盖茨讲过，30年以后的人类社会，每个人的办公桌上都会有电脑。当时大家认为他是疯子，电脑像房子一样大，怎么放到桌子上去？现在已经变成了现实。我今天也可以讲，全世界所有的电脑连接起来，再加上所有人的智慧和责任感，一定会诞生一个虚拟的世界，这个世界有自己的游戏规则。

淘宝网2003年创立，增长速度非常快，现在用户达到了7000万。第一年卖了8亿元的货，第二年卖了80亿元，第三年卖了160亿元，去年卖了430亿元，今年我们打算卖1000亿元，明年卖2000亿元。我希望十年以内，淘宝的销售额超过沃尔玛全球的销售额，沃尔玛现在每年卖3.5万亿人民币，我觉得我们一定能做到。

我跟淘宝网的总裁讲，你现在管的是三个澳大利亚——7000万人口。我们制定的任何机制都影响很大，每次制定新的政策之前，我们都紧张得要命。我们现在基本是按照四步走——晓之以理、动之以情、诱之以利、绳之以法。我们这样做是为了健康发展，在商业推广过程中，一步都不能少，哪怕跳一步，都会有很大的麻烦。大家可以设想一下，当淘宝拥有七亿人口的时候，我们该怎么办？当淘宝的交易量突破两万亿元、三万亿元的时候，中国的商业形态会发生什么变化？三年以前，我提出一个目标，通过五年的努力，使得淘宝的销售量超过沃尔玛中国的销售量，结果第二年我们就超过了沃尔玛中国。所以，我们现在胆子大起来了，我们要花十年时间超过沃尔玛全球的销售量。电子商务的巨大魅力就在于，它将通过改变商业模式来影响人类社会的政治、经济、生活的方方面面。

靠附加值取胜

我觉得在20世纪，所有的信息技术都是为工业、制造业服务的。20世纪出现的大型商业零售体，比如沃尔玛、家乐福，都是以大规模采购为商业形态的。为什么可以大规模采购？因为流水线的运用。10年、20年以前，信息化的一个很重要的运用是企业的流水线作业，信息技术使得流水线越来越强大，形成了大批量生产，降低了成本。大批量生产又带来了标准化，就会出现像沃尔玛一样的大规模采购模式。采购的价格便宜，导致工厂的利润越来越少，工厂根本没法活，渠道越来越笨重，渠道的影响力越来越强。这就是20世纪诞生的沃尔玛这样的商业形态。

我们看看社会发生的变化。我记得小时候，女孩上街买衣服，老板说这件衣服卖得很好，卖掉了500件，这个女孩马上说我就要这件。现在呢？老板说这件衣服昨天卖掉了500件，顾客转身就跑，说我不要，我想要只卖了一件的。卖一件的有兴趣，卖500件的一点兴趣都没有，跟20世纪工业化、规模化、标准化的模式完全不同，今天我们需要的是个性化、柔性化的生产。这件衣服，如果全广州只有一件，那保证可以卖得很贵；如果有两万件，再贵也贵不到哪里去。这就是个性化生产和定制。

我最近在广东搞市场调研，我是带着悲伤的心情去见客户的，因为我觉得现在广东的很多企业有麻烦，我们应该帮他们解决。结果，第一家企业说我们现在很好。这家企业是做首饰的，我问他们，现在广东的劳动力成本不是增加了吗，你们怎么还说好呢？他们说：第一，我们是按照客户的需求定制生产的，我们的规模很小，只有100多个员工；第二，这两年我们的规矩是价格便宜的生意不做，想有我们这样的服务，必须接受我们这样的价格。另外一家公司是做枪皮套、子弹套的，这样的市场我第一次听说，生意好得不得了。人家说，人民币升值就升值，我根本不怕，别人死了，我活得更好。还有一家公司是做充气娃娃的，单子多得接不过来，他们的规模也不大，也是价格便宜的不做，就做增值。

所以，我想告诉大家，互联网时代最有意思的商业现象是以小打大，小企业不是靠规模取胜，而是靠附加值取胜，靠品牌取胜，靠增加价值取胜。当然，我还要调研几十家企业，从目前来讲，我觉得当年我们下的赌注是对的。信息时代，企业的订单90%都是从网上来的全。世界做枪皮套的工厂可能总共只有三四家，到哪儿参加展览会去，它的订单都是从阿里巴巴网站上来的，这些订单都是个性化的。比如商场搞活动用的大气球，设计图纸是网上传过来的，客户要定制。原先企业做生意，是听说外面要卖圆珠笔，就做了20万支圆珠笔，拿到展览会上去卖；而今天企业在互联网上做生意，是按照客户的需求定制产品。

我认为企业不是越大越好，而是越灵活、反应越快速越好。阿里巴巴的思想是为中小企业服务，用IT技术去武装它们。因为在传统时代，只有大企业才能收集到市场信息，才能知道外面的竞争环境等情况；而今天，中小企业如果能获得同样的市场情报，会做得更快，它们掉个头，说掉就掉了。郭台铭说他现在面临的挑战是怎么把企业变小、变灵活。大企业用很多钱建立起来的体系，我们今天用互联网、用很少的钱，就能帮中小企业建立起来。因此，我们可以看到，20世纪的信息系统是为制造业设计的，而今天这个时代，信息系统是为消费者定制服务的。假设你要发展制造业，发展工业，如果没有信息的指导，没有定制化的生产，那将是极其危险的，因为你是盲目生产，你不知道客户的需要是什么。客户的需求已经从规模化转变到个性化的时代，你还在思考规模化、成本化，那你的路子就会越走越险、越走越难。

不能等机会

目前，淘宝网每天卖出2.8亿元的货，这个数不是虚数，是经过我们的支付宝出去的。现在杭州的解百商城，一年的营业额大概是9亿元，我们现在一天就是2.8亿元。估计到明年这个时候，一天就能达到10亿～12亿元的交易量，对于商场来说，这是一个巨大的营业额。王府井集团一年的交易量大概是20亿元，我们淘宝网十天的交易量就相当于王府井一年的交易量。

我可以告诉大家，美国的电子商务水平远远落后于中国。大家一定觉得很奇怪，这怎么可能呢？我这么说，不是因为我从事的是电子商务行业，我是从客观的角度来看这个问题。这九年以来，阿里巴巴面临的最大挑战就是有人说，中国连银行体系都没有，你们怎么可能做电子商务？最有意思的是，后来我们发现，正因为美国的银行体系很好，信用体系很好，每家企业都有自己的信息系统，所以在美国做电子商务非常难。你很难进入这个市场，各家企业自己就可以做，不需要你。而且美国的销售渠道太完善了，中国则刚好相反，中国的销售渠道、零售渠道简直一塌糊涂，电子商务实际上起到了销售渠道的作用。

作为创业者，不能等机会好了以后再做，没有机会，就要创造机会。中国没有诚信体系，怎么办？我们来建立诚信体系。没有支付体系，我们来建立支付体系；没有网站，我们来帮他们建立网站。我不知道现在有多少人用过淘宝网，可能年轻人多一点。我觉得50岁以上的人根本不是我的客户，我根本不会花时间说服他们去用，因为说服他们太累了，而年轻人不用我说都会用。

世界发生了剧烈变化，我儿子这样的人，你根本不用去说服他，他在网上买过很多东西，我说你不怕上当受骗吗？他说，怎么会上当受骗，我买这么多东西也没上当受骗。我们这代人的思想受到“文革”的影响，我们认为害人之心不可有，防人之心不可无，总担心自己上当受骗。而且，我们电影看得太多，坏人看得太多。

2003年，我们做了一个重大的决定。那时候，大家因为不放心，不敢在淘宝网上做买卖，买家不敢付钱给卖家，卖家不敢把货给买家，每天都在网上聊来聊去浪费时间。怎么办呢？一定要找到一个解决方案。我就去找各家银行，他们都说不行，不能做。当时我很痛苦，在达沃斯开会的时候，我听克林顿讲什么是领导力，他说领导力就是承担责任，就是使命驱动。我一想，他说得对啊！我马上打电话回来，决定立刻开始做支付系统。中国不做，跨国公司也会做。如果跨国公司来做，结果会怎样？中国所有电子商务的信息，别人都了解得清清楚楚，就像今天阿里巴巴很清楚伊朗从伊拉克买了什么东西，价格是多少。

我做了一个很土的支付系统，叫作支付宝，它是一个很简单的模式。我找卖家买一个东西，卖家不肯把货给我，我就把钱汇到支付宝账户，交给阿里巴巴。阿里巴巴通知卖家，收到我的钱，请把货发给我。我收到货，满意就给钱，不满意就退回去，极其简单。到现在为止，有8600万中国人注册了支付宝用户，每天的交易量达到3.8亿元，而且规模越来越大，今年可能会达到1800亿元，三年之内可能会突破一万亿元。

向人民银行汇报的时候，我说假如国家需要这套体系，我就把它送给国家，但今天国家如果不为每家企业建立起一套诚信体系，中国的电子商务就没有办法发展。我们是怎么做的呢？假设你在淘宝网上用支付宝做了十笔生意，都是好评，我们就给你评一个星级，证明你是好卖家。我们就看你的交易记录，上个月你做了25笔生意，24笔受到表扬，一笔受到批评，我们就判断你基本是好卖家，买家就敢跟你做生意，钱交给支付宝不用担心。只要你有支付宝，就会有信用评级，没有支付宝的信用体系，人家就不会跟你做生意。这样，信用体系就慢慢建立起来。

电子商务的发展趋势

现在淘宝网每分钟卖出手机300多部，每分钟卖出衣服34,000多件，每分钟卖出宝石30块，大家一定觉得不可思议。有谁知道，淘宝网上卖得最好的货是什么？是服装。以前买服装，很多女人量了又量，摸了又摸，试穿了一遍又一遍，都不肯买，为什么现在服装成了最好卖的东西？因为时代变了，对现在的一些小孩来说，长有长的穿法，短有短的穿法，要的就是这个感觉，所以我们去年卖了4000多万件服装。

这个世界发生了剧烈变化。那么，今后的商业模式是什么样的呢？全是定制化的，我需要什么东西，就在网上下订单告诉工厂，工厂完全根据我的订单来定制化生产。只有这里可以不讨价还价，只有这样才会有附加值。所以，今后**制造业一定会走向定制化生产，一定会走向按需定制。**

今天，电子商务要解决不公平的问题。在淘宝，我们提出，首先要改变制造业不公平竞争的现象。制造业的产品进商场要交15%的利润，也就是先交15%的利润给零售业，零售业一层层剥下去以后，制造业一台冰箱连十块钱都赚不到，一台电视机只能赚几块钱。利润只有百分之零点几，你让制造业怎么创新，怎么做技术投入？零售业拿到这笔钱，上市以后去做房地产，而不去完善这套体系。在零售业，大概有25%～35%的钱被中间环节层层盘剥掉了，效率非常低。所以，淘宝要改变这个状况。我们让制造业企业在淘宝上卖东西，只收2%～3%的利润，10%的利润还给制造业，让它们有更多的利润去创新。只有这样，我们这个行业才能做大。电子商务的颠覆性就体现在这里。

利用电子商务，我们要打通社会上不公平的环节，我们的乐趣不是挣多少钱，而是利用手上的东西承担责任、开放，让社会更加公平。我们最近跟很多企业合作，李宁在我们这儿开店开了一个月，卖出的货远远超过他线下的任何一个店。大家想想看，一分钟卖出34,000件服装。假设我让服装企业按需定制，我要他们努力，十年以内超过沃尔玛，而我今年只做到1000亿元的交易额，显然没有说服力。如果我的交易额能超过10,000亿元，那我就可以对很多行业说，你们可以做到按需定制。

另外，随着电子商务的发展，今后物流行业将会发生翻天覆地的变化。以前，一万台手机制造好以后送到杭州，人们到杭州的店里去买。今天，按需定制以后，一万台手机将会分发到一万个客户家里，这是对物流行业的巨大挑战，也是巨大的机会。今后我们再也不会看见大的仓储，所有的货送来以后，将根据需求，一一对应地送到客户家里，每个产品都不一样。我觉得这是10年、20年以后制造业的必然趋势。

上次在盖茨家里，我跟沃尔玛的主席说，我们公司的目标是十年之内超过沃尔玛全球的销量。我不是说说而已，我仔细研究过沃尔玛。我们讨论中国品牌和世界品牌，他们说，我们跨国企业在中国被打得稀里哗啦，中国会赢还是世界会赢？我说，我坚信五年以后，将不会再有中国品牌、日本品牌、美国品牌，品牌后面有一个词，叫“质量”。你有质量，人家不会在乎你是中国的还是日本的，消费者搞不清楚中国还是日本，全世界只有一个优秀的品牌，那就是质量。所以我认为，五年以后，中国的制造业如果能够做到按需定制、内外兼修，外在具有全球化的眼光，增强竞争力，内在只要能在中国赢，那么在世界上也一定能赢。我的观点得到了他们的认同。另外，我认为大企业今天一定会面临巨大的挑战，昨天成功的企业，今天一定会遇到挑战。

互联网、电子商务学起来不难，只要认真学，谁都可以用。我们一直认为，被竞争对手打败有四个原因：第一是看不见对手，第二是看不起对手，第三是看不懂对手，第四是跟不上对手。这“四部曲”是所有企业走向失败的路线。所以，今天我们自己也要反思昨天的成功，在这个互联网带来巨大颠覆的时代，制造业、渠道发生了翻天覆地的变化，给我们带来的挑战也一定是极其巨大的。

在产业发展过程中，我们大量引进的企业带来了先进的技术和管理，带来了渠道，带来了资金。我觉得中国的企业现在在管理上并不差，在技术上也在提升，在资金上也并不缺，只是渠道还不够完善。我们应该利用网络工具拓展渠道，在网络上进行品牌建设。我们要抢占互联网的制高点，电子商务一定会成为互联网的制高点，这是我的看法。危机危机，机会永远在危险中，不在危机中寻找机会，你就永远不会赢。

冬天不可怕，可怕的是没有准备，可怕的是你不知道冬天那么长、那么冷。我坚信中小企业是国家创新的希望，是社会和谐的基础，我们的乐趣就在于用电子商务帮助中小企业成长。

我是杭州人，原先在北京创业，后来离开外经贸部，回到杭州。在北京搞电子政务可以，搞电子商务不行，很难做扎实。在上海，人家一听不是世界五百强，一点兴趣都没有。我当时跟我的团队讲，在北京，我们是500个孩子中的一个；在上海，我们是300个洋孩子中的一个；在杭州，我们是唯一的，我们是当地唯一的互联网公司。

我还有一个观点，打天下关键在于眼光和胸怀，不在于你在哪里。互联网不受地域限制，你的眼光放在天下，你就能打赢天下的对手。微软总部不在华盛顿特区，而在西雅图；诺基亚总部在芬兰的小岛上。所以，在杭州也能创造出一家全球顶级公司，关键是你要有远大的胸怀和眼光。当时，阿里巴巴活得很艰难。最惨的一次，2000年，我到德国演讲，1000人的会场里只来了几个客户，但我还是得讲。后来，我们开始做B2C，锁定长江三角洲和珠江三角洲为公司主要的发展地点，才活了下来。

我们的使命

我觉得目前很多政府网站没有贯彻开放、共享、全球化的思想，最多只起到了通知的作用，命令式地公布一些文件，或者让大家来查点资料。我觉得电子政务的发展一定是跟在电子商务后面的，什么意思？信息化带动了电子商务的发展，电子商务发展起来后，企业有各种各样的需求，政府需要转型为服务型政府。电子政务的核心是服务于人民，很多官员觉得政府网站就是一个发文件的地方，让大家来查查档案，我觉得这样的电子政务网站最多是一个办公自动化体系，很难起到真正与人民沟通的作用。走出这一步，有很多挑战，这不是技术问题，要有开放的胸怀、共享的思想、全球化的视野，还要勇于承担责任。

很多政府人员跟我说，我们的网站建得很好，到我们的网站来。我不知道怎么说，我觉得应该让他们到阿里巴巴网站去才对，我们网站上有2000多万家中小企业，他们应该去为这些企业服务。所以，我认为电子政务还有很长的路要走。另外，电子商务的普及需要大家的共同努力。我想告诉大家，中国的中小企业使用电子商务的比例是全世界最高的，很多企业已经在用了。一个地区的电子商务水平如何，互联网发展水平如何，不能只看这个地区有多少互联网公司，重要的指标是这个地区有多少企业在互联网上做生意，这才是这个地区电子商务水平的衡量标准。

我在浙江考察，有一个地区让我感慨万千，就是浙江永康，大家可能听都没听说过。永康家家都是小五金店，在网上做出口，全球97%的滑板车是从永康出口的，而98%以上的滑板车的出口都是从网上走的。中国很多企业用电子商务，有意思的是，基础越好的地方，越不用电子商务。上海的很多企业认为，我们有的是渠道，干吗要用电子商务？广东的企业也是，我香港、台湾有的是渠道，干吗要用电子商务？一旦香港、台湾的渠道断了，这边就全乱了。我昨天碰到一个小女孩，她说，我现在最大的订单是10万美元，最小的是1000美元，10万、20万美元的订单都是我一点点培养起来的，我做得小，但我做得舒服，人民币再升值也没有问题。我觉得，她的这种思想应该让更多的企业了解。商人都有一种心态，不会告诉你自己家楼底下有很多黄金，一定会自己把它埋掉、花掉。所以，我们要想办法把成功的案例讲出来，这样，我相信我们周围的很多企业会做起来。

广东是中国的出口大省，中小企业也很多，有意思的是，我们阿里巴巴做了九年，一直进不了广交会，永远在门口转来转去。我们已经想过所有的办法，我甚至想，如果广东政府不生气，我就买一万桶油漆，在地上打上阿里巴巴的广告。我们还曾经包了40辆大客车，在广交会周边绕来绕去做广告，但还是进不去。为什么？不是我们把交易会当竞争对手，而是很多交易会把我们当竞争对手，他们认为我们肯定会灭了他们。其实，虾有虾路，鱼有鱼路，我们灭不了他们。还是这句话，我们的主要责任是帮助中小企业。

我还想强调一点，我们阿里巴巴不想从中小企业口袋里掏钱。在员工培训的时候，我跟我们的员工讲，深圳的一辆中巴车上下来21个人，20个人是销售人员，每个人都拎着包。我们的销售人员跟他们的区别是什么？所有的销售人员都想把人家口袋里的钱掏出来，这是销售的最高境界。但是，我们阿里巴巴这样走是走不久的，我们希望帮别人把五块钱变成50块钱，多出来的45块钱里，我们拿该拿的两块钱，这是责任。当互联网企业有这种精神的时候，传统企业就会越打越累。我们要和政府一起努力，建立起互联网时代和21世纪的精神、文化、意志。作为一个不懂互联网的人、一个不懂计算机的人，走到现在，我最大的收益是懂得了开放、分享、全球化和承担责任，以及学习。

电子商务要普及，关键是要帮大家消除恐惧感。有些企业，外贸做得很好，却总觉得不行，产生莫名其妙的恐惧感。我们怎么帮他们消除恐惧？还是这句话，我们要晓之以理、动之以情、诱之以利、绳之以法。晓之以理和动之以情我们已经做了九年了，现在我们希望多做一些诱之以利的事情，也就是多做一些实实在在的电子商务培训，发挥榜样的力量。大家可以来听听，人家讲的不是理论。电子商务是一门技能，就像学语言一样，天下没有吃下去就能学好英文的灵丹妙药，想说得跟老外一样好，需要点点滴滴的练习，越练越强。我相信，大家一旦上了这条船，会尝到甜头，会一步一步往前走的。

阿里巴巴之所以能走到现在，不是因为我们强大，不是因为我们聪明，而是因为我们坚持了九年。当时跟我们竞争的企业，至少有一两千家，但它们没有像我们一样坚持下来，或者说没有我们这样的使命感、价值观。为什么阿里巴巴能从18个人变成一万个人，而且每个人都充满激情地往前走？我不敢说100%，至少我们70%的员工相信使命感、价值观。价值观贴在墙上是没有用的，我们把它纳入了考核体系，我们的考核办法是价值观占50%，业绩占50%。业绩很好、价值观很差的员工，我们称为“野狗”，要杀掉；价值观很好、业绩不好的员工，我们称为“小白兔”，也要杀掉。

必须有相应的文化制度来配合产业的发展，我们希望从普及教育开始，对大家诱之以利，把大家慢慢培养起来。电子商务今后的路还很长，我们希望，十年以后，中国和全世界将没有人再谈什么是电子商务，中国也再没有人欢迎马云出来讲电子商务，因为到那时，互联网和电子商务将渗透到每家企业、每个家庭、每个公共环境里，就像现在的彩色电视机一样普及。这是我们所希望看到的，是我们的使命，也是我们的工作目标。

第17章

钱不是目标，而是结果*

* 2009年8月16日，深圳演讲。

◇钱不是公司追求的目标，而是结果。如果一家公司以钱为目标，那它是不会成功的。

◇一个人认为自己成功的时候，他就开始走下坡路了。

◇请把你的梦想告诉你的团队，不要让你的团队为你工作，要让你的团队为你的梦想工作，把这个梦想变成团队成员的梦想。

◇每个管理者的工作是把手下的混蛋变成不是混蛋。

◇阿里巴巴最大的财富是不是我们取得了什么成绩，而是我们经历了这么多失败，犯了这么多错误。

◇失败过的人，才会把握每一次机会。

领导者必须承担责任

说心里话，每次在媒体、股东或者员工面前，我总是很自信，但是在会员面前，我总是没自信。其实，我最想见也最怕见的人就是我的客户。在公司里，我经常这么讲，我们公司是客户第一、员工第二、股东第三。

很多员工说，为什么我们公司讲以人为本，却不把员工放在第一位？我不想太虚伪，因为我们这么多人在一起，就是为了解决会员的问题。我每次见客户的时候，都想问问大家这一年在阿里巴巴有没有取得好的成绩，但我又怕大家说没有赚到钱。而我每次见股东的时候，都特别理直气壮地说：你觉得不好，那你来干。

1999年融资的时候，我从第一天起就跟我们的股东讲，投资者是阿里巴巴的“舅舅”，客户才是阿里巴巴的“父母”。我跟“舅舅”的关系处理得很好，我们的股东大会一次比一次开得短，这是一件好事。很多人最怕开董事会，对我们来说，开董事会是很开心的事。我相信很多深圳的员工都希望回杭州开员工大会，一个季度一次。关于阿里巴巴的情况，我没有向媒体汇报过，今天我想向大家汇报一下。

我们公司的组织结构图是倒过来的，最上面是客户，下面是员工，再下面是经理，然后是副总裁，最下面是CEO。我的老板是我下面的几个副总裁，副总裁的老板是他们下面的总监，总监的老板是员工，员工的老板是客户。我们这支足球队的守门员就是我这个CEO，如果你们发现一支球队的守门员是最忙的，那麻烦就大了。

但是，守门员是最累的，因为守门员的脑子要转得非常快，我每天花很多时间去考虑，怎么组织我们的团队去战斗。我跟我们所有的客户讲，如果你们投诉抱怨，一直投诉到我这个CEO这里，就说明我们的工作没做好。从前年开始，特别是去年，我几乎不怎么考虑当年要做什么事情，而是为下一年谋划。船长开船的时候，有时候必须爬到桅杆上看风向。我要考虑的是一年以后要达成的目标，还要考虑制度建设和招兵买马。当我们达成目标的时候，我又得为下一年做打算了。所以，领导者有时候是很孤独的。成功的时候，我不能跟人分享；失败的时候，我一定要承担责任。

领导者必须承担责任。我觉得我只有在两种情况下才是CEO：第一，做决定的时候我是CEO，平时我不是；第二，团队犯错误的时候我是CEO，这是我的错。作为领导，你不能说成功的时候是你的功劳，失败的时候是下面的人执行不力，是团队不好。

爬得越高，看到的风景越好

阿里巴巴B2B现在总共有2500名员工，而我们的会员国内有460万家，海外有480万家，每天国内有一万家企业加入我们的网站。所以，离开这批会员，我们所有的服务器、软件都是垃圾一堆，没有任何用处。

在这个世界上，有这么多的网商聚集在一个网站上，并不容易。到现在为止，阿里巴巴一直坚持前三年免费的原则。其实，今天淘宝完全可以收费，我接到过太多的电话和e-mail，问淘宝什么时候收费。前三年免费，这是我们的一个承诺。为什么免费？我觉得一家公司想要赚钱，首先要让客户赚钱。每个销售人员加入阿里巴巴的时候，我至少要花两个小时跟他交流，阿里巴巴B2B有2500名员工，我都交流过。

在训练员工的时候，我希望员工脑子里想的不是钱。前几年，我到深圳来，发现一辆中巴车上下来19个人，18个是销售人员。这些人一看就是做销售的，因为他们脑子里想的就是钱。真正的销售人员想的应该是如何帮客户把五块钱变成50块钱，多出来的45块钱，我可以赚两三块钱。所以，一个真正的企业家，脑子里想的应该是如何帮助客户成功。

我觉得阿里巴巴最初的三年做得不错。1999年刚开始做的时候，我们说我们要避开国内的甲A联赛，直接进入海外市场。我们帮助中国的企业做出口，谁买中国的产品？肯定是海外的买家。我认为办一个市场就像办一场舞会，舞会里有男孩子、女孩子，要把他们同时请进来很难。我们的策略是先把女孩子请进来，再把好的男孩子请进来，这样，这个市场就会越来越大。我们在欧洲、美国做了很多产品，让大家知道中国会成为世界的制造基地，希望他们在网站上进行交易。

从1999年到2001年，我们做了100万元的广告，到了2002年，我们必须赢利。我没有告诉董事会我到底要赚多少，当时我说2002年我要赚一块钱。我们的员工都知道，在用电的时候节约一点，这一块钱就可以省下来。实际上，在2001年年底，我们的利润就超过了50万元。所以，半年后我们就提出了一天收入100万元的目标。

2002年、2003年的时候，我说我们一定要每天收入100万元，我记得有人跟我打赌，事实证明他输了。事实上，每个领导者都有赌性，但一个好的赌者不可能成为一个好的领导者。我不喜欢赌，喜欢打牌。打牌以后，你的脑子就容易冲动。但是，做生意不是打牌，在做决策的时候，你不能冲动。我觉得，CEO不需要有一张CEO的脸，人人都是平等的。在做决定的时候，你是CEO；在电梯里，你就是一个普通人。在办公室的时候，我也会把脚放到桌子上玩游戏。

到了2004年，当我们提出一天的利润要达到100万元的目标时，没有人跟我打赌了。我相信，对很多企业来说，100万元并不算什么。人要成功，眼光要远、胸怀要大。以前我觉得一天挣100万元真的了不起，后来有一次去日本，一个朋友跟我说，他今年做得不好，只做了250亿美元。从那天以后，我对100万元一点兴趣都没有了。

所以说，天外有天，人外有人。人的眼光不是生下来就有的，而是一点点积累的，就像爬山一样，爬得越高，看到的风景越好。我走到现在，心胸宽了很多。有时候别人说这是假的，那是错的，我并不是很在意。有时间争论对与错，不如用这些时间把事情做到最好。所以，当我们一天做到100万元利润的时候，我心里反而很平静。2005年，我们的目标变成一天上缴100万元税金，这是一个很大的目标，也是一个很好的目标。企业都在讲为社会创造价值，我希望我们能为中国创造更多的就业机会。在我看来，中国有13亿人口，真正能让这个社会稳定下来的是就业机会。

钱不是目标，而是结果

我们在改变很多人的生活。我在东三省考察的时候，有一件事让我很感动。有一家工厂的人跟我说，阿里巴巴给他们带来了很多订单，让他们活过来了。今年，我们有很多天上缴的税金超过了100万元。我相信，今后我们会做得更好。但是，我觉得**钱不是公司追求的目标，而是结果。如果一家公司以钱为目标，那它是不会成功的。**

比尔·盖茨的梦想是通过软件去改变世界，他希望30年以后，每个家庭都用上装着微软软件的电脑。阿里巴巴也一样，到现在为止，我还远远没有做到自己想做的事情，只能说最多做到了5%。

核心的问题是你的客户愿不愿意为你付钱，他愿不愿意今天付了，明天还付，而且付了40块钱，还会付50块钱。最初的五年，我的目标是让大家聚在一起，到现在为止，我们已经有大概2500名员工了。我们很希望更多的年轻人加入阿里巴巴，因为这是一个很好的平台。我们计划每年都多招一点员工，我想与其把钱放在银行里，不如多招一些人才来培养，远远比把钱放在银行里强。

我们现在的会员遍布全世界200多个国家和地区，只要是做生意的，都知道阿里巴巴，连美国的商务部都在推荐阿里巴巴。阿里巴巴的品牌能够打到国外去，我特别高兴。我感到很骄傲，我们创造了一家真正的电子商务公司。今年，阿里巴巴要做的是努力打造诚信社区，诚信是电子商务一定要过的独木桥，一个网站不诚信，用户再多也没用。三年前我想要推诚信通的时候，无论是公司内部还是外部，都说我在开玩笑，花2300块钱买了这个诚信通的服务，就诚信了吗？那时候我的压力是很大的。

在公司开会的时候，我做了一个决定，如果我们推诚信通，我愿意接受诚信通的考核标准，哪怕阿里巴巴只有两个诚信通会员，我也要做好诚信通会员的服务。我们一直坚持这样做，现在我们的会员越来越多，很多会员在自己的名片上印上了诚信通的标志，日本的会员问合作方的第一个问题就是你是不是诚信通会员。

除了打造诚信体系，我们还要打造支付体系。支付体系如果不解决，网商都会说这是在瞎掰，两个人扯来扯去，不仅浪费时间，还会把事情搞得越来越复杂。银行不做支付，我们怎么做？但是，等银行来做，我估计要等五年。再等五年，中国的电子商务跟海外的差距就会越来越大。在订单越来越多的情况下，电子支付的问题不解决，问题就会很严重。

我们跟四大银行合作，推出了支付宝。支付宝现在在淘宝上试点，还是很成功的。在下个月月底，支付宝将会在阿里巴巴网站上试运行。大家在支付宝上谈生意，满意就付款，不满意就退钱。我们在中间做担保，你赔一万我赔你一万，你赔一个亿我赔你一个亿。有人说你赔一个亿，你赔得起吗？这一个亿我们阿里巴巴是赔得起的。

万元以上的支付，我们都会全程跟踪，必须把有可能发生欺诈的中间环节搞清楚。我相信全世界97%的人是好人，坏人毕竟是少数。如果你认为别人都是坏人的话，那你在街上都不敢走路。现在有很多日本商人说，我们想从中国进口，但我们没有把握，我们想让阿里巴巴来担保。

阿里巴巴在2003年赚到1100万元以后，从2004年下半年开始，全力组建海外团队。我们在海外做的投入是很大的。去年，我们在美国投了很多宣传广告，除了中国银行，最多的就是我们了，我们两家包下了CNBC两年的广告。我们做广告，是为了扩大阿里巴巴会员在海外的品牌度，我们刚刚聘请了给比尔·盖茨做了五年公关的人，由他来负责我们整个美国地区的推广。我们认为，我们要找的合作伙伴必须是一流水平的。

互联网是用来解决应急问题的

在2003年的非典时期，我们推出了淘宝网。在那个特殊时期，阿里巴巴犯了一个小小的错误，我觉得它是对阿里巴巴的价值观和使命感的考验。早在2003年之前，我们就答应会员要到广州来做广交会。虽然是非典时期，但公司考虑到既然答应了客户，就一定要去，所以我们派了一位员工过去。5月4日的时候，突然接到电话说，这位员工发了高烧，是非典疑似。我之前还跟她握过手，这意味着我们所有人都要被隔离。

第二天，有人来检查，我说这件事情是不可能发生的，这位员工肯定不是非典。当时我心里虽然不害怕，但肯定吓呆了，万一是真的怎么办？下午三点钟，我做了一个重要的决定。我认为互联网是用来解决应急问题的，我们可以通过网络来处理危机。我跟公司的员工讲，现在公司发生这样的问题，大家马上撤离办公室，回家办公。有电脑的马上大家上网，建立网络体系，看看能不能继续工作。

后来，有人说我们这个同事是非典，不过今天已经证实不是了。在灾难面前，我们做了这个决定——撤离公司。第二天在家里，我忙得都没有时间站起来，一直在打电话，回答客户的问题。我们所有的员工都是这样，都在家里忙着工作。经过这么一场隔离，没有几个人知道淘宝诞生。当时，我们挑选了七 个人，跟他们说，你们不能跟别人讲这儿的事情，你们同不同意？这七个人全部同意。我给了他们一份协议，全是英文的，他们看不懂，但他们马上就签了，大家搬到我家开始创办淘宝。到了6月份的时候，有内部员工在内网上发了一个帖子，说马总，我们看到了一个对手，有一家公司叫淘宝，他们的思想跟我们一样，风格也一样，给客户的服务也一样。后来到了6月底，我们的员工出来说，有的员工知道这里面的一些机密，但他们不告诉别人。淘宝和阿里巴巴看起来一样，其实仔细看还是不一样的，就像狼和狗，是有区别的。

eBay是一个大市场，是做C2C的，我觉得既然他们可以做C2C，那我也可以做C2C。淘宝是整个阿里巴巴的重要组成部分。现在这个市场逐渐在成熟，以后我们可能不会再讲B2B和C2C。到今天为止，淘宝的成长速度非常快。我们原来是想创办中国第一的C2C，现在我们改变主意了，我们要做世界第一。我们的信心越来越足，而且我们的士气也越来越高。但是，我们要看的是下一个五年以后，阿里巴巴会怎么样。今天的阿里巴巴还不是我心目中的阿里巴巴，我们不希望我们的客户仅仅把阿里巴巴当作一个交流平台，我更关注的是我的客户今年和去年相比赚到钱了没有。

今天中午有一个员工跟我讲，他说广东地区现在很多公司网站上的订单不少，但是没有外贸人才，没有电子商务人才。现在很多大学都教电子商务，但是我没有发现一个好的。所以，我们成立阿里学院，来培养这方面的人才。

怎样做企业

做企业一定要关注一些问题。我一直认为人一辈子其实都是在创业，怎么创业？我觉得，要另眼看世界。我觉得这两年我好像不太在乎别人怎么看。我从来不相信互联网分析师，这些人说起来是对的，干起来是错的。我也不太相信媒体，有多少人了解阿里巴巴，怎么了解的？他们说通过媒体了解，完了，我最怕这个。

我记得我在机场买过一本杂志，我说里面说的这个人怎么这么厉害，翻过来一看，原来这个人就是我。实际上那写的根本不是我，太夸张了。不要盲目地去追求做什么东西。第一次创业，你想做什么，到底要做什么，不要受外界影响。你自己要确定，你今天就是要做这件事情，要有决心。

我记得我在做阿里巴巴的时候，有一个机会，有一家很大的公司给我的年薪是150万美元，还不包括奖金。这是很大的诱惑，但是我没有答应，我的家人说我是疯子，这么多钱，你不要。我说这个机会我不要，我就是想创办一家中国人的网站。所以，当你有很强烈的愿望要做什么的时候，你会抵挡住很多诱惑。不要问你能做什么，因为这个世界上能做什么的人比你多多了。你要想清楚自己最想做什么。

这两年，我不跟别人探讨阿里巴巴的模式。说心里话，我真的不了解阿里巴巴的模式是什么。进一步说，真的有好的模式，你也不要告诉别人。你们家床底下有一个金罐，你是不可能告诉所有人的。好的模式是摸索出来的。一个月前我在亚布力参加企业会谈，有几个人在讲企业家该如何成功。后来，我分析了他们几个人，他们每个人基本上都是失败了几次的。

一般来说，成功的人往往说不清楚自己是怎么成功的。这中间有很多原因是你不知道的，还有很多的运气成分。阿里巴巴这几年来犯过无数的错误，但我觉得那不是错误。在创业过程中，很多的灾难你预料不到，说得出成功原因的是别人。中国绝大部分企业考虑的都是战术，战术就是活下来，等你到了有一定员工、一定规模的时候，再去考虑战略。

所以，我想告诉大家，不要去追求什么成功。一个人认为自己成功的时候，就开始走下坡路了。我们不谈失败，我们不接受成功。阿里巴巴要做一家102年的企业。以前我们的目标是80年，现在是102年。为什么是102年？上个世纪我们活了一年，这个世纪我们要活100年，下个世纪再活一年，加在一起就是102年。

做什么，不该做什么

有一天，如果你上了杂志封面，你就认为自己成功了。不要这样认为，成功是很短暂的，背后所付出的代价是很大的。失败可以很长，也可以很短。永远不要放弃，不放弃才有机会。做企业其实很简单，要有一个强烈的欲望。也就是说，你想做什么事情，想改变什么事情，想清楚之后，就永远坚持这一点。**最怕的就是你走了很远的路之后，才发现你的梦想原来在别的地方。**

八年前，当我们开始赢利的时候，我就在想这个问题。我相信如果我们投入做游戏，一定会赚钱，但是游戏不能改变中国，它不是我想做的事情。

全世界游戏行业最强大的国家是美国、日本和韩国，他们没有鼓励自己国家的孩子玩游戏。中国也意识到，我们不能让自己的孩子去玩游戏，也不能让自己的朋友去玩游戏。在2002年，我们做了很多决策，如果想赚钱，我们也可以进入短信服务领域。

我们当时销售网站服务，很多公司要回扣。如果我派员工跟人家做生意，结果我的员工拿了很多回扣，那他就是贪污受贿。最后，我决定绝不能给客户回扣。这个决定是痛苦的，但事实上这个决定是正确的。在市场上，小企业的钱来之不易，纵容小企业的员工吃回扣就是在侵蚀小企业的利益。阿里巴巴从来不给任何一个人回扣，到现在，我们在客户心中已经形成了很好的口碑，生意就越来越好了。

普通人是可以成长的

另外，老板还要考虑的问题是你的团队。没有优秀的团队，你就没有办法成功。**请把你的梦想告诉你的团队，不要让你的团队为你工作，要让你的团队为你的梦想工作，把这个梦想变成团队成员的梦想。**

2003年年底，在制定2004年每天要达到100万元利润目标的时候，我们有一个顶级销售员说，马总，我明年要完成700万元。我问他，你今年做了多少？他说是100万元。我说，700万元的目标是很难完成的。他说自己一定做得到，并跟我打了一个赌。这个赌是这样的：他第二年只要做到700万元的80%，全世界的地方任他选，我请他去吃饭；如果他失败，年终大会那天，他要把衣服脱光跳到西湖里去（南方的冬天很冷的）。

第二年他非常努力，最后的达成率是78%。我跟他说，公是公，私是私，湖还是要跳的。年终大会那天，天气非常寒冷，吃完饭后，我说走，跳西湖去。我们到了西湖边，他真的脱光衣服跳了下去。

公司的使命、目标、今年的任务，公司的所有人是不是都清楚了？传达室的保安知不知道你们的使命是什么？如果他不知道，那一定有问题。

你要告诉公司里的每一个人，你们公司的使命、目标、任务是什么。

有人会说，我下面的那些人都是垃圾，没有一个好的。我有一个朋友说，我要是你就好了，你手下都是这么好的人，我手下都是混蛋。

在阿里巴巴，每个管理者的工作就是把混蛋变成不是混蛋。一年之后，如果你下面的人还是混蛋，问题在于你。人是可以成长的，没有永远的混蛋。经过了两三年，和我那个朋友想法一样的人一个个都离开了公司。

回过头来看，虽然我们最早创业的18个人都有伤疤，但我们都还在，这些人才是真正的大将。阿里巴巴最大的财富不是我们取得了什么成绩，而是我们经历了这么多失败，犯了这么多错误。

我说我一定要写一本书，写阿里巴巴曾经犯过的错误。这些错误，你听了会笑着说，我那时候也犯过。有一天，如果你有重要项目，不要派常胜将军上去，要派失败过的人上去。**失败过的人，才会把握每一次机会。**

大家不要看我们今天很风光，我们以前也犯了很多错误，今后还会犯很多错误的，但我们依然会朝着我们的目标前进。第一天创办阿里巴巴的时候，我们发誓要创办中国第一的企业。这是大家的理想，不是我马云一个人的理想。所以，我们注定要走更长的路，吃更多的苦，要付出更艰辛的努力。